国家科技支撑计划"教育云规模化应用示范"项目
课题（2013BAH72B04）成果

职业教育教学资源元数据
培训指导用书

中央电化教育馆　主编

中央广播电视大学出版社·北京

图书在版编目(CIP)数据

职业教育教学资源元数据培训指导用书／中央电化教育馆主编．—北京：中央广播电视大学出版社,2017.4

国家科技支撑计划"教育云规模化应用示范"项目"优质教育资源整合"课题(2013BAH72B04)成果

ISBN 978 – 7 – 304 – 08494 – 3

Ⅰ.①职…　Ⅱ.①中…　Ⅲ.①职业教育—计算机辅助教学—元数据—中国—培训—教学参考资料　Ⅳ.①G434

中国版本图书馆 CIP 数据核字(2017)第 065668 号

国家科技支撑计划"教育云规模化应用示范"项目"优质教育资源整合"课题(2013BAH72B04)成果

职业教育教学资源元数据培训指导用书
ZHIYE JIAOYU JIAOXUE ZIYUAN YUANSHUJU PEIXUN ZHIDAO YONGSHU
中央电化教育馆　主编

出版·发行：中央广播电视大学出版社
电话：营销中心 010 – 66490011　　　　总编室 010 – 68182524
网址：http://www.crtvup.com.cn
地址：北京市海淀区西四环中路 45 号　　**邮编：**100039
经销：新华书店北京发行所

策划编辑：戈　博　　　　　　　　**责任校对：**宋亦芳
责任编辑：邹伯夏　　　　　　　　**责任印制：**赵连生

印刷：北京云浩印刷有限责任公司
版本：2017 年 4 月第 1 版　　　　2017 年 4 月第 1 次印刷
开本：146mm×210mm　　　　　　**印张：**6　　**字数：**189 千字

书号：ISBN 978 – 7 – 304 – 08494 – 3
定价：28.00 元

（如有缺页或倒装，本社负责退换）

职业教育教学资源元数据培训指导用书

编委会成员

前　言

为统一、规范地描述学校、企业、其他机构和个人的教学资源，更好地定位与管理职业教育教学资源，根据科技部国家科技支撑计划"优质教育资源整合"课题的立项研究任务，中央电化教育馆于 2015 年组织实施了《职业教育教学资源元数据》的研究工作。研究以《GB/T 21365—2008　信息技术　学习、教育和培训　学习对象元数据》为依据，参考了《基础教育教学资源元数据规范（征求意见稿）》，结合我国职业教育的分类、教学组织特点，以专业或职业作为教学资源分类的主线，旨在帮助学习者、教育者或自动化的软件等对教学资源进行查找、评估、获取和使用。

《职业教育教学资源元数据》标准分为三个部分：

"第 1 部分：信息模型"规定了一个概念数据模式，用于定义职业教育教学资源元数据实例结构的信息模型。

"第 2 部分：XML 绑定"定义了对职业教育教学资源元数据信息模型进行 XML 绑定的方法，旨在提供职业教育教学资源管理系统互操作的一种元数据数字化承载形式。

"第 3 部分：实践指南"对于如何理解和使用《职业教育教学资源元数据》进行了描述，并对信息模型做了进一步的归纳总结。

为了帮助教学资源的创建者、使用者以及应用软件的设计者学习使用《职业教育教学资源元数据》，特编写此书。

编　者

2016 年 10 月

目　录

第1章　概述 ……………………………………………………………… 1

1.1　元数据 …………………………………………………………… 1

1.1.1　元数据入门 ………………………………………………… 1

1.1.2　教学资源元数据 …………………………………………… 2

1.2　缩略语 …………………………………………………………… 3

1.2.1　术语和定义 ………………………………………………… 3

1.2.2　缩略语 ……………………………………………………… 5

1.3　在线教育技术标准 ……………………………………………… 6

1.3.1　在线教育技术标准体系 …………………………………… 7

1.3.2　标准体系中的子标准 ……………………………………… 10

1.4　VETLRM 的范围和目的 ………………………………………… 12

1.4.1　职业教育教学资源元数据（VETLRM）的范围 ………… 12

1.4.2　VETLRM 的目的 …………………………………………… 13

1.5　VETLRM 规范 …………………………………………………… 14

1.5.1　模型结构概述 ……………………………………………… 14

1.5.2　元数据模型的层状表示 …………………………………… 15

1.5.3　模型中的数据元素 ………………………………………… 18

1.5.4　模型中的数据类型 ………………………………………… 18

1.5.5　模型中的列表和最低峰值 ………………………………… 21

1.5.6　VETLRM 的核心集 ………………………………………… 22

1.5.7　VETLRM 的一致性 ………………………………………… 24

1.6　词汇表和分类法 ……………………………………………… 26

1.7　XML 绑定规范 ………………………………………………… 27

　　1.7.1　XML …………………………………………………… 27

　　1.7.2　XML 元素 …………………………………………… 30

　　1.7.3　文档类型定义 ……………………………………… 32

　　1.7.4　XML 大纲 …………………………………………… 32

　　1.7.5　属性的使用 ………………………………………… 33

　　1.7.6　列表 …………………………………………………… 34

　　1.7.7　名称空间 ……………………………………………… 36

第 2 章　元数据结构 ………………………………………………… 38

2.1　基本元数据结构 ………………………………………………… 38

2.2　数据元素 ………………………………………………………… 39

2.3　列表项 …………………………………………………………… 40

2.4　词汇表 …………………………………………………………… 40

2.5　最低峰值 ………………………………………………………… 40

2.6　字符集 …………………………………………………………… 41

2.7　表示 ……………………………………………………………… 41

2.8　信息模式 ………………………………………………………… 41

第 3 章　应用 ………………………………………………………… 60

3.1　通用 ……………………………………………………………… 60

　　3.1.1　标识符 ………………………………………………… 61

　　3.1.2　标题 …………………………………………………… 64

　　3.1.3　语言 …………………………………………………… 65

　　3.1.4　描述 …………………………………………………… 66

　　3.1.5　关键词 ………………………………………………… 67

　　3.1.6　覆盖范围 ……………………………………………… 69

3.1.7 结构 ………………………………………… 70

3.1.8 聚合度 ……………………………………… 72

3.2 生存期 …………………………………………… 76

3.2.1 版本 ………………………………………… 76

3.2.2 贡献 ………………………………………… 77

3.3 元—元数据 ……………………………………… 85

3.3.1 标识符 ……………………………………… 86

3.3.2 贡献 ………………………………………… 88

3.3.3 元数据方案 ………………………………… 94

3.3.4 语言 ………………………………………… 95

3.4 技术 ……………………………………………… 98

3.4.1 格式 ………………………………………… 99

3.4.2 平台要求 …………………………………… 104

3.4.3 安装说明 …………………………………… 112

3.4.4 大小 ………………………………………… 113

3.4.5 位置 ………………………………………… 114

3.4.6 持续时间 …………………………………… 115

3.5 教育 ……………………………………………… 120

3.5.1 交互类型 …………………………………… 121

3.5.2 教学资源类型 ……………………………… 123

3.5.3 用户类型 …………………………………… 127

3.5.4 语境 ………………………………………… 128

3.5.5 典型年龄范围 ……………………………… 131

3.5.6 难度 ………………………………………… 132

3.5.7 典型学习时间 ……………………………… 133

3.5.8 描述 ………………………………………… 134

3.6 权利 ……………………………………………… 138

3.6.1 费用 ………………………………………… 138

3.6.2　版权 ……………………………………………… 140

3.6.3　限制 ……………………………………………… 141

3.7　关联 …………………………………………………… 143

3.7.1　关联类型 ………………………………………… 144

3.7.2　关联教学资源 …………………………………… 146

3.8　评价 …………………………………………………… 153

3.8.1　评价者 …………………………………………… 154

3.8.2　评价内容 ………………………………………… 155

3.8.3　日期 ……………………………………………… 156

3.9　分类 …………………………………………………… 158

3.9.1　分类依据 ………………………………………… 159

3.9.2　分类路径 ………………………………………… 163

3.9.3　描述 ……………………………………………… 177

3.9.4　关键词 …………………………………………… 178

参考文献 …………………………………………………… 182

第 1 章 概述

1.1 元数据

1.1.1 元数据入门

一般认为，所谓元数据是关于数据的数据，或关于数据的结构化的数据。从已有的结论看，元数据的含义是逐渐发展的。元数据一词，早期主要是指网络资源的描述数据，用于网络信息资源的组织。其后，逐步扩大到描述各种以电子形式存在的信息资源。在图书馆与信息界，元数据被定义为：提供关于信息资源或数据的一种结构化的数据，是对信息资源的结构化的描述。其作用为：描述信息资源或数据本身的特征和属性，规定数字化信息的组织，具有定位、发现、证明、评估、选择等。

现今，计算机的普及和网络的发展改变了教学的模式，尤其是教学资源数字化、网络化成为一个必然的趋势。在这样的趋势下，产生了大量的教学资源，不仅包括传统的物理资源，还包括数字化的资源。面对如此庞大的资源库，资源的管理和查找变得困难。

如果可以对资源做一些标记，用这些标记对资源的某些属性进行描述，那么资源的查找和使用将变得便捷。这些标记是对数据（资源）的描述，称为"关于数据的数据"，即元数据。以下是元数据的两个例子：食品包装袋上关于食品的成分、重量（质量）、使用方法的描述；图书馆中检索卡上关于书籍作者、出版日期、主要内容的描述。在此基础上，如果能规定应该对资源的哪些属性进行描述，这些属性应该如何表示，资源应该如何分类等，将极大地提高资源管理和检索的效率，同时也为资源的共享和互换提供基础。这就是元数据规范所要完成的任务——确定资源的元数据模型，包括模型中数据元素的结构、表示和使用。

2008 年，中国国家标准化管理委员会发布了《信息技术 学习、教育和培训 学习对象元数据》（GB/T 21365—2008）。该标准是一个关于资源的通用标准，职业教育有其自身的特点，如从层次上讲我国现阶段的职业教育包含了本科层次、高职层次、中职层次等；职业教育的教学资源既可按专业目录进行分类，也可按职业进行分类等。为统一、规范地描述学校、企业、其他机构和个人的教学资源，更好地定位与管理职业教育教学资源，特制定《职业教育教学资源元数据》。该标准的编制以《信息技术 学习、教育和培训 学习对象元数据》（GB/T 21365—2008）为基础，参考了《基础教育教学资源元数据规范（征求意见稿）》，以职业教育教学组织的层次关系作为教学资源分类的主要依据，确定了职业教育教学资源元数据的基本模式，旨在帮助学习者、教育者或应用程序等对职业教育教学资源进行查找、评估、获取和使用。

《职业教育教学资源元数据》参考 Dublin Core Metadata Element Set V1.1 的 ISO Standard 15836—2003 版本标准草案（以下简称"Dublin Core"），元素名称、定义及注释的中文翻译参考上海图书馆的《都柏林核心元数据元素集 1.1 版：参考描述》。职业教育专业门类复杂、教材版本多样的现实情况导致的多样性需求，使得描述方案在元素设置及结构上具备较好的扩展性。同时，资源建设多方参与的格局使数字资源的使用者、提供者同时也是资源的描述者。因此，作为描述依据的标准在格式上体现出简化的趋势。正是基于不同的资源特性和应用需求，标准编制工作组选择参考《信息技术 学习、教育和培训 学习对象元数据》（GB/T 21365—2008）基本纲要说明，确定元数据基本结构，并保持同 Dublin Core 的兼容。结合职业教育的特点选择 LOM 作为元数据方案，制定职业教育教学资源元数据系列标准。

1.1.2 教学资源元数据

教学资源是指用于教学和培训的具有教学目的的对象。教学资源的粒度可大可小，小到一张图片，大到一门课程，都属于教学资源。教学资源包括各种多媒体内容、各种教学内容、学习目标、教学软件和软件工具、人、组织或者在学习过程中引用到的事件，等等。教学资源元数据对教学资源进行描述，便于教学资源的管理、查找、评价和互换。

例如，我们可以视《职业教育教学资源元数据培训指导用书》为一个教学资源，将它进行整理，可得到表 1.1 的元数据。

表 1.1　《职业教育教学资源元数据培训指导用书》元数据

元素名称		元素值
标识符	类别	ISBN
	表项	7 – 309 – 08494 – 3
标题		职业教育教学资源元数据培训指导用书
语言		汉语
描述:		本书是为广大读者学习、使用《职业教育教学资源元数据》以及《职业教育教学资源元数据　第 2 部分：XML 绑定规范》而配套编写的培训教材
关键字		教学资源，元数据，职业教育
贡献	角色	作者
	贡献者	个人：耿秀华 电话：1346657 × × × × E-mail：geng × ×@ bi × ×. edu. cn
	日期	2016 年 12 月 26 日
大小		3 059 KB
教学资源类型		参考书目
适用对象		应用软件开发人员、职业院校教师
……		……

1.2　缩略语

1.2.1　术语和定义

下面列出的是在本书中用到的一些术语和定义。

（1）教学资源 teaching and learning resource

用于学习、教育或培训的实体。

（2）元数据 metadata

关于数据的数据，用于描述或标识教学资源的内容和外观特征，有助于资源的发现与数据的获取。

（3）类别 catalog

相关数据元素的集合。

［GB/T 21365—2008，定义 3.3］

（4）可选数据元素 optional data element

在数据结构中定义，但不一定要求在数据结构的实例中出现的数据元素。"可选"属性属于数据元素的约束属性。

［GB/T 21365—2008，定义 3.4］

（5）扩展数据元素 extended data element

在相关标准之外定义并允许在数据结构的实例中出现的数据元素。"扩展"属性属于数据元素的约束属性。

［GB/T 21365—2008，定义 3.5］

（6）必备数据元素 mandatory data element

在数据结构中定义，并且必须在数据结构的实例中出现的数据元素。"必备"属性属于数据元素的约束属性之一。

［GB/T 21365—2008，定义 3.1］

（7）约束状态 obligation statuses

对数据元素的某种要求，用于确定一个数据结构的合法性，包括"必备的""有条件的""可选的""扩展的"等。

［GB/T 21365—2008，定义 3.7］

（8）值空间 value space

某一数据类型（GB/T 18221—2000）的取值范围。

注：值空间一般以枚举的形式直接给出，或通过引用别的标准加以定义。

［GB/T 21365—2008，定义 3.8］

（9）数据类型 data type

由某一类值组成的集合的一个特性，该属性描述了这些值所具有的共同特点以及所能施加的操作。本标准规定的数据元素可以在以下五种数据类型中取值：字符串、多语言字符串、日期时间、持续时间、词汇表。

（10）最低峰值 smallest permitted maximum

应用程序至少能支持的列表项数或字符串长度。该最低峰值应用于具体实现，由它确定实现所必须支持的最小的最大值。

［GB/T 21365—2008，定义 3.11］

（11）多语言字符串 langstring

一种能表示一个或多个字符串的数据类型。一个多语言字符串的值可以包含多个语义相同的字符串，这些字符串可以是不同语种的翻译或选择性的描述。

［GB/T 21365—2008，定义 3.2］

（12）绑定 binding

从一个框架或规范到另一个框架或规范的应用或映射。

（13）叶子结点 leaf node

数据结构中处于最底层的元素，也称简单数据元素，可以定义具体的值。

（14）结构结点 structure node

数据结构中的非叶子结点，也称结构数据元素，它本身不能定义具体的值，它的值是其所有子元素值的集合。

1.2.2 缩略语

LOM Learning Object Metadata 学习对象元数据

URI Uniform Resource Identifier 统一资源标识符

IETF Internet Engineering Task Force 互联网工程任务组

VETLRM Vocational Education Teaching and Learning Resource Metadata 职业教育教学资源元数据

CELTS Chinese E – learning Technology Standard 中国在线教育技术标准

XML Extensible Markup Language 可扩展标记语言，标准通用标记语言的子集，是一种用于标记电子文件使其具有结构性的标记语言

DTD Document Type Definition 文档类型定义

MIME Multipurpose Internet Mail Extensions 多用途互联网邮件扩展协议，是设定某种扩展名的文件用一种应用程序来打开的方式类型，当该扩展名文件被访问的时候，浏览器会自动使用指定应用程序来打开

vCard 电子商务卡片，主要用于记录通讯薄的联系人信息等，vCard 规范可作为各种应用或系统之间的交换格式

IEEE　Institute of Electrical and Electronics Engineers 电气和电子工程师协会

LTCS　Learning Technology Standard Committee 学习技术标准委员会，由电气和电子工程师协会组织建立

W3C　World Wide Web Consortium 万维网联盟，又称 W3C 理事会

1.3　在线教育技术标准

在线教育，即 e – Learning，或称远程教育，是现代信息技术应用于教育后产生的新概念，即运用网络远程技术与环境开展的教育。在所有活动中，教师是以教育资源的形式或学习帮促者的身份与学生保持着一种准永久性分离的状态；而学生与教育组织机构（教师）或学生与学生之间将通过建立双向或多向通信机制保持即时会话。

当前，我国对在线教育高度重视。中共中央在第三次全国教育工作会议上提出："要以远程教育为依托，形成覆盖全国城乡的开放式的教育服务。"教育部启动了总投资为 3.6 亿元的现代远程教育工程，用于中国教育科研网和教育卫星频道的改造以及教育资源建设。国内外许多企业也敏锐地觉察到其中巨大的商机，因此，在线教育将在未来几年迎来一个质的飞跃。网络上的教育资源与日俱增，但由于没有统一的技术标准，系统和系统之间不能进行有效的资源共享，这样长期发展的后果必将形成一座座信息孤岛，使得国家或企业投放大量资金建设的网络资源无法得到充分利用。因此，建立在线教育应用层面的技术标准，从技术上保证教育资源的可交换性和管理信息的互通性势在必行。

教育部于 2001 年年初成立了现代远程教育技术标准化委员会（之后更名为教育部教育信息化技术标准委员会（CELTSC），以下简称"标委会"）。标委会的任务是制订和推广教育信息化技术标准，通过跟踪国际相关标准研究工作和引进相关国际标准，并结合我们在线教育的实际情况建立或修订自己的标准，实现资源共享、支持系统互操作、保障在线教育服务质量的目标。

1.3.1　在线教育技术标准体系

一个完整的在线教育标准体系，包含以下具体标准规范的制定，称之为"标准需求"。图1.1所示为在线教育技术标准体系，包含6类标准项目：指导性标准、教学环境相关标准、教学资源相关标准、学习对象相关标准、教育管理相关标准以及分布于其他各类标准中的数据与元数据标准。

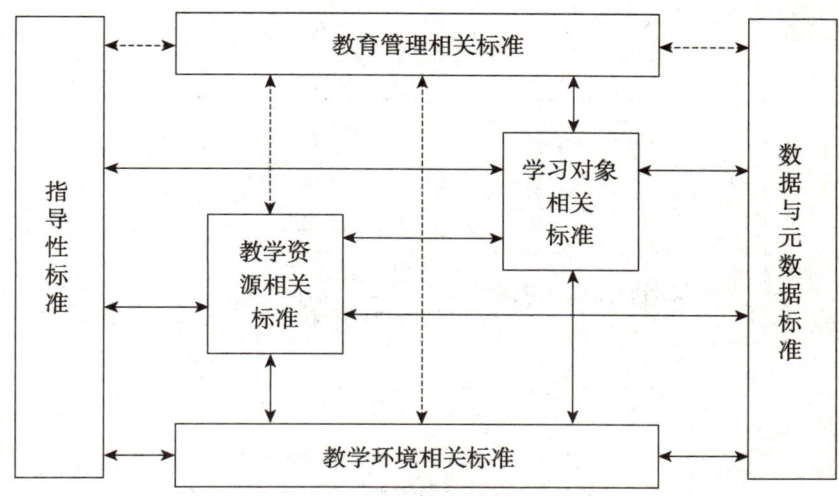

图1.1　在线教育技术标准体系

标准体系的范围覆盖所有子标准，"术语"规范了所有子标准中的用词。"体系结构与参考模型"定义了一个学习技术系统的参照模型以及可能的组成成分（构件）。标准体系中的所有子标准是从不同的角度来观察学习技术系统，每个子标准所涉及的内容都可以在参照模型上得到体现，即都可以映射到相应的组成成分上。举个简单的例子："体系结构与参考模型"涉及整个模型，也就是所有的组成成分；"学习对象元数据"则涉及和学习资源相关的查询定位以及目录信息的协议和格式等。

学习对象相关标准是内容较多、较为重要和较为基础的一部分。例如，"语义和互换绑定"能够为学习者相关标准中的"学习者模型""学力定义"，教学环境相关标准中的"教学管理""企业接口"等子标准中的绑定提供指导。又如，"数据互换协议"为学习系统中的数据信息和控制信息的交换提供传输协议；"学习对元数据"可用于描述"学力定义"中学力的数据模型和"学习者模型"中学习者的著作和成果。

在教学环境相关标准中，"平台和媒体标准引用"所定义的标准引用集为学习对象和学习系统所涉及的技术。

学习对象相关标准相对来说是一系列比较成熟的标准。这些标准之间的联系如图 1.2 所示。学习对象相关标准与其他标准的关联性较少，是相对比较独立的一部分标准。

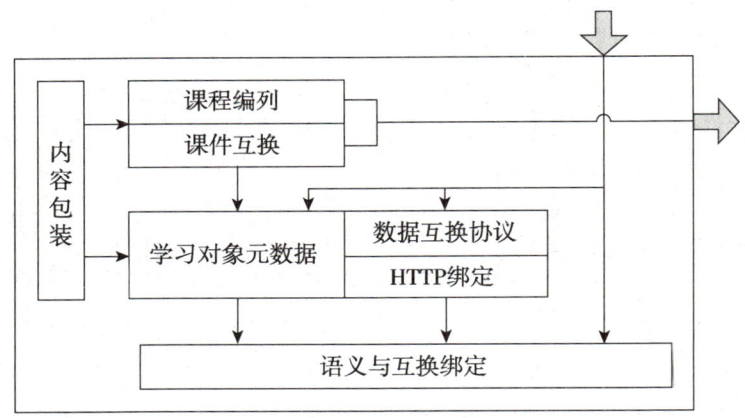

图 1.2　教学资源相关标准的结构

1. "学习对象元数据"

"学习对象元数据"是一个比较成熟的标准，它从 9 个不同的方面来描述学习对象的属性，包括通用信息、生存期信息、元—元数据信息、技术信息、教育信息、权利信息、关系信息、评注信息和分类信息。这些信息可以被系统的其他部分所利用。例如，课程进行编列时需要参考学习对象的元数据，选择合适的学习资源来组成一门课程。

2. "语义与互换绑定"

"语义与互换绑定"为系统中数据模型的编码绑定以及协议的绑定提供指导。它是一系列的技术指导规范，而非标准，包括"扩展技术""基于规则的 XML 绑定""基于规则的 DNVP 绑定""基于规则的 HTTP 元绑定"等。

3. "课程编列"和"课件互换"

"课程编列"和"课件互换"都将寻求 CBT 课件交换和课程序列化的

方法，一种较好的方法是定义一种规范的互换语言，对课件的结构和行为进行描述。"课件互换"的重点将放在该语言的语法规范和语法绑定上，而"课程编列"则将确定该语言的环境规范，描述对学生记录的访问、对学习资料元数据的访问、使用互换语言的逻辑特性选择下一个分配单元等。

4. "内容包装"

"内容包装"不仅涉及学习内容（媒体数据），而且对教学资源的元数据也进行统一的包装。采用统一的包装格式可以消除错误并增加互操作性，从而提高效率和质量。学习对象相关标准也是在线教育技术标准体系中比较重要的一部分，它的结构如图 1.3 所示。

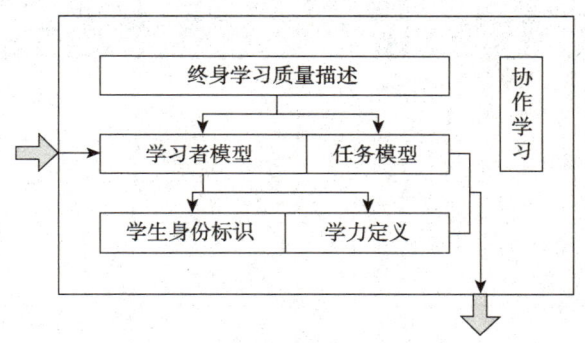

图 1.3　学习者相关标准的结构

①"学习者模型"。"学习者模型"是学习者相关标准中比较核心的一个标准。它是一个数据交换规范，通过它可以在不同的协作系统之间进行通信，交换统一标准化的学生数据。该标准引用"学生身份标识"来描述学生的身份，引用"学力定义"来描述学生的能力。

②"任务模型"。"任务模型"是"学习者模型"的一个伴随标准，因此它的发展依赖于学习者模型的进展。

③"学力定义"。"学力定义"不涉及认证的数据模型和学生的数据模型，但认证记录和学生记录可以引用某些能力定义。也就是说，该标准是对各项能力的描述和定义，规定了拥有某项能力所必须具备的要求和条件，而并不是描述某个学习者具有哪些能力，哪些证书等。

1.3.2 标准体系中的子标准

表 1.2 是各类标准中包含的子标准，各子标准根据其作用范围的不同又分为通用规范和专用规范两大类。通用规范具有广泛的适用性，为用户留有较多的扩展空间，允许用户在遵从统一基本框架的前提下选择及改制一些数据项目；专用规范是针对某一特定领域的，具有更强的约束力。

表 1.2　标准体系中的子标准

层次 作用 范围	通用规范	专用规范	跟踪研究项目
指导类	学习系统体系结构标准（CELTS－1）		
	术语（CELTS－2）		
	XML 绑定（CELTS－4）		
	标准本地化与例化应用（CELTS－25）		
			标准上层本体（CELTS－28）
学习资源类	教学资源元数据（CELTS－3）	教育资源库建设规范（CELTS－41）	
			数据互换协议（CELTS－5）
	课程编列（CELTS－8）		
	内容包装（CELTS－9）		
	测试互操作（CELTS－10）		
	内容分级（CELTS－29）		
		基础教育元数据规范（CELTS－42）	
		职业教育教学资源元数据	

层次 作用 范围	通用规范	专用规范	跟踪研究项目
学习者类	学习者模型（CELTS－11）		
	学生身份标识（CELTS－13）		
			学力定义 （CELTS－14）
			终身学习质量保障 （CELTS－15）
学习环境类	平台与媒体标准组谱 （CELTS－17）		
	企业接口（CELTS－19）		
	学习管理（CELTS－20）		
			协作学习 （CELTS－16）
			工具/代理 （CELTS－18）
			虚拟实验 （CELTS－26）
			自适应学习 （CELTS－27）
教育管理类			网络课程评价 （CELTS－22）
			教学环境评价 （CELTS－23）
			教学服务质量管理 （CELTS－24）
	教育管理信息化数据标准 （CELTS－30）	教育管理信息系统互操作规范（CELTS－40）	

由表 1.2 可见，《职业教育教学资源元数据》属于学习资源类中的专用规范，与基础教育元数据规范并列，是针对适用于职业教育的教学资源而开发的规范。

如果想了解标委会工作进展和获取有关标准发布信息，可以访问教育部教育信息化技术标准委员会—全国信息技术标准化技术委员会教育技术分技术委员会网址：http：//www. celtsc. edu. cn/index. html。

1.4　VETLRM 的范围和目的

1.4.1　职业教育教学资源元数据（VETLRM）的范围

VETLRM 定义了职业教育教学资源元数据的语法和语义，构成了一个教学资源属性概念上的数据模型，用于描述职业教育教学资源元数据实例的结构。

职业教育教学资源元数据实例用于描述教学资源的相关特征。这些特征被划分为 9 个不同的类别（见图 1.4）。这 9 个类别相互独立，各自有明确的语义，便于元数据的共享和模块化。

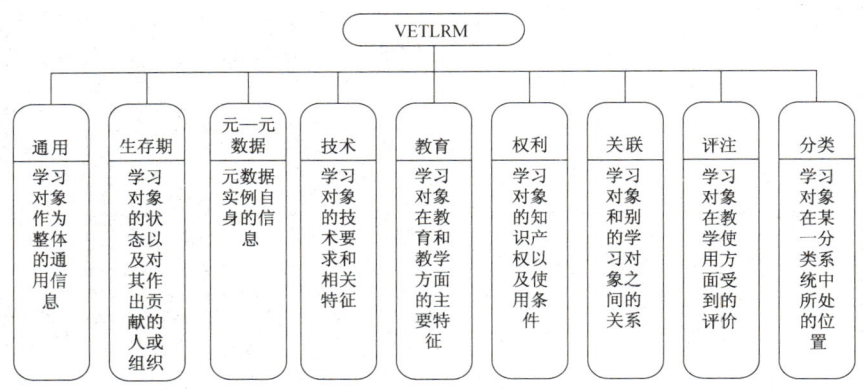

图 1.4　VETLRM 模型中的 9 大类别

在该规范中，概念数据模型支持多种语言，这种多语言的支持适用于三个方面：教学资源所使用的语言、教学资源元数据实例所使用的语言及教学资源使用者所使用的语言。

在该规范中，概念数据模型定义了描述教学资源所需要的元数据元素，并规定了各个数据元素的名称、属性、定义等。

该规范同时也定义了如何进行一致性声明，即能够声明"和 VETLRM 一致"的元数据实例或应用所应该具备的条件。

该规范希望为不同的实现提供一个统一的元数据数据模型，但该规范并没有规定如何以计算机可识别的方式来表示元数据。因此，需要进一步进行绑定后才能用于元数据的互换。该规范未规定教育系统如何管理和使用教学资源的元数据实例。

1.4.2 VETLRM 的目的

VETLRM 通过定义一个统一的元数据模型，达到如下目的：

① 支持学习者或教育者等用户对教学资源进行查找、评估、获取和使用，同时支持教学资源的共享和互换，如图 1.5 所示。

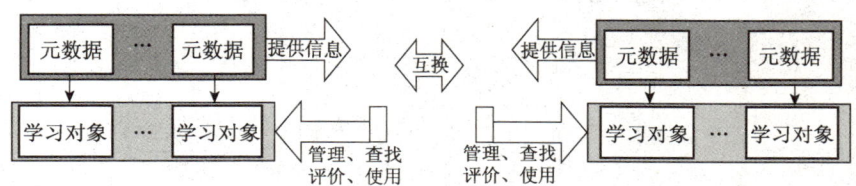

图 1.5 元数据对教学资源管理、查找、互换的支持

② 通用的概念数据模型为职业教育教学资源元数据不同绑定之间提供较高程度的语义互操作性提供保证，使不同绑定之间的转换更加直接，如图 1.6 所示。

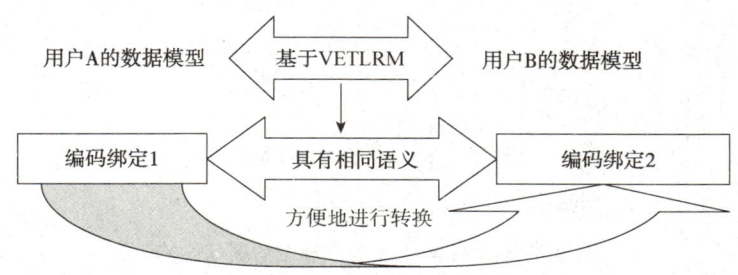

图 1.6 基于 VETLRM 的绑定之间的转换

③ 在规范规定的基本模型的基础上可以建立不同的实现。例如，用于支持代理对教学资源的自动和自适应的调度。

1.5　VETLRM 规范

1.5.1　模型结构概述

VETLRM 的元数据模型是一个分层次的结构。最上层是一个根结点，根结点包含很多子元素，子元素还可以包含子元素。除根结点以外，包含子元素的元素称为中间结点，或结构数据元素；不包含子元素的元素称为叶子结点，或简单数据元素。如此，整个数据模型被称为文档的"树状"结构。根结点、中间结点和叶子结点的关系如图 1.7 所示。

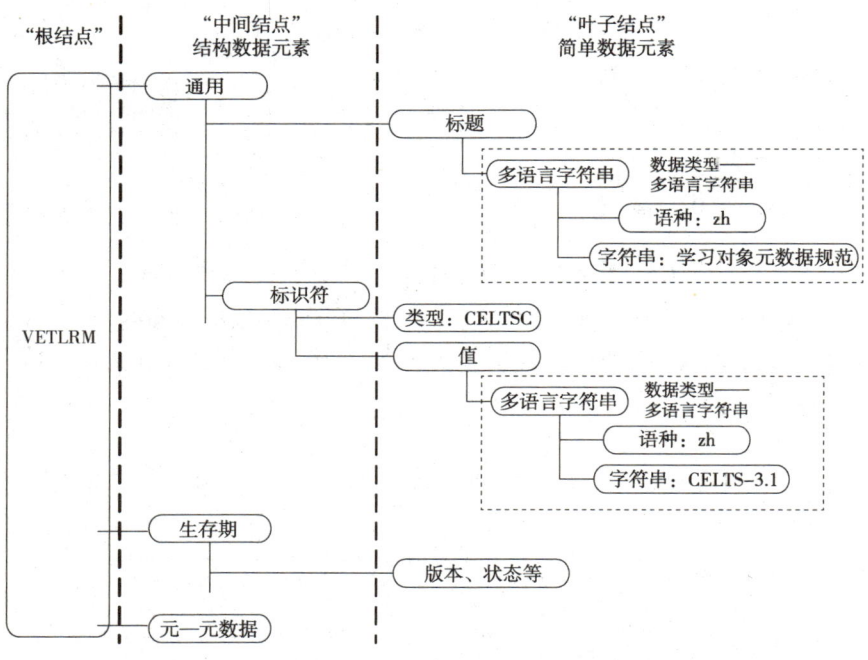

图 1.7　VETLRM 元数据模型的树状结构

对于元数据层次结构中的任何一个数据元素，VETLRM 都给出了它的引用名称、定义、属性等。对于简单数据元素，还给出了它的数据类型和取值范围。每个元素的具体含义请参考《职业教育教学资源元数据 第1部分：信息模型》。

1.5.2 元数据模型的层状表示

VETLRM 以表格的形式列出了所有的数据元素。这种表示方法易于阅读，便于用户了解数据元素的定义、解释和例子等。为使用户建立对 VETLRM 模型的整体感知，以下提出了 VETLRM 模型的层状结构。图1.8 所示是以层次结构表示的 VETLRM 模型。

符号的说明：

? 该数据元素可重复0~1次　+ 该数据元素可重复1~n次　* 该数据元素可重复0~n次

⬡ 该数据元素含有子数据元素　① 该数据元素只能出现1次　▲ 该数据元素是必备数据元素

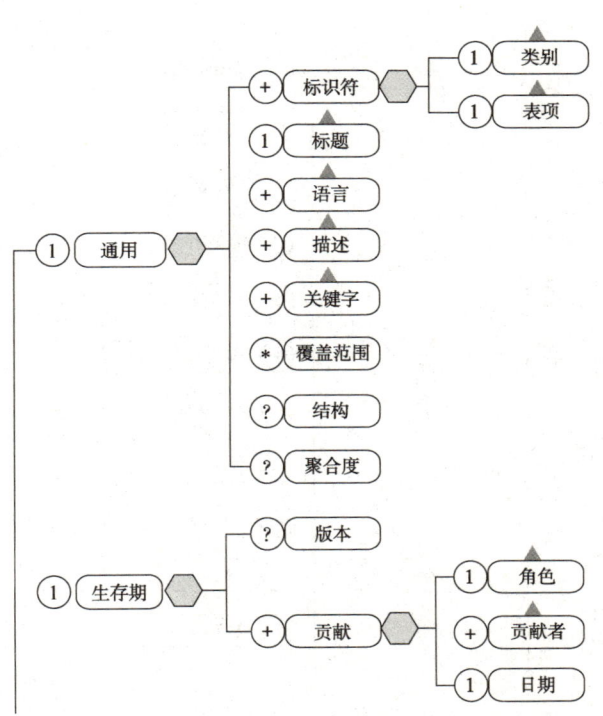

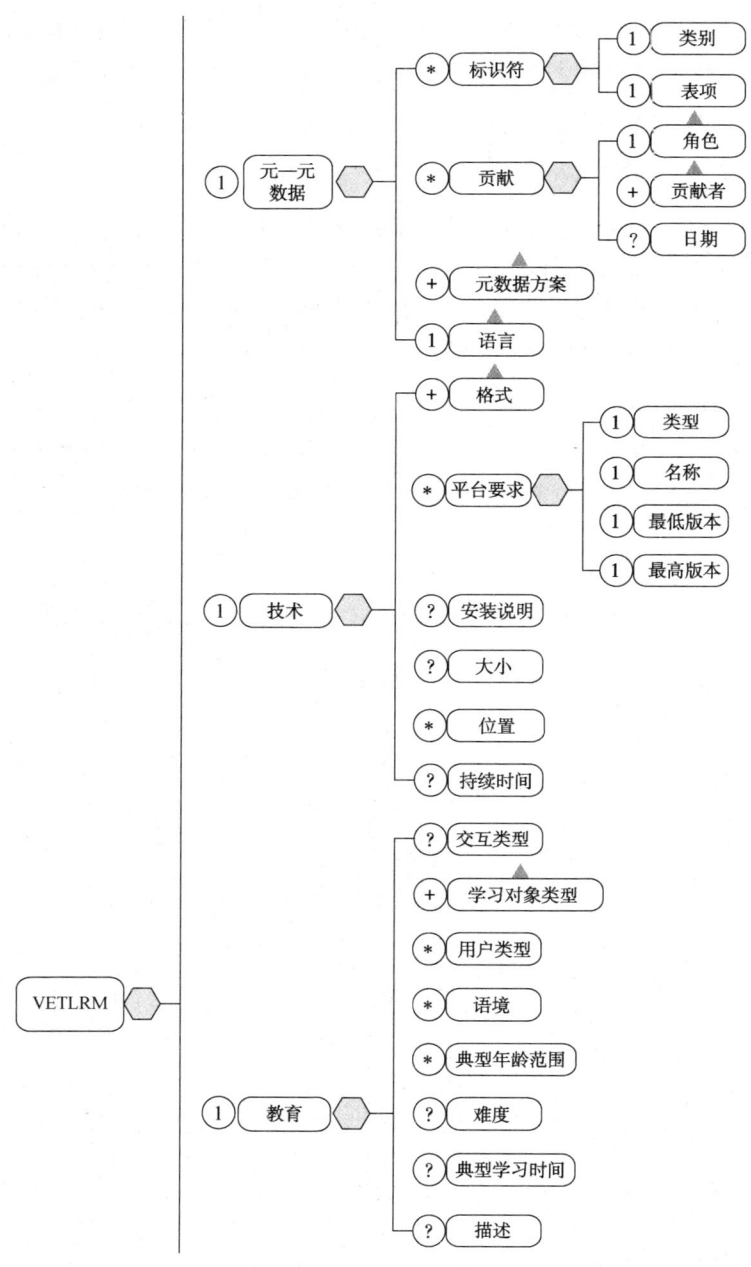

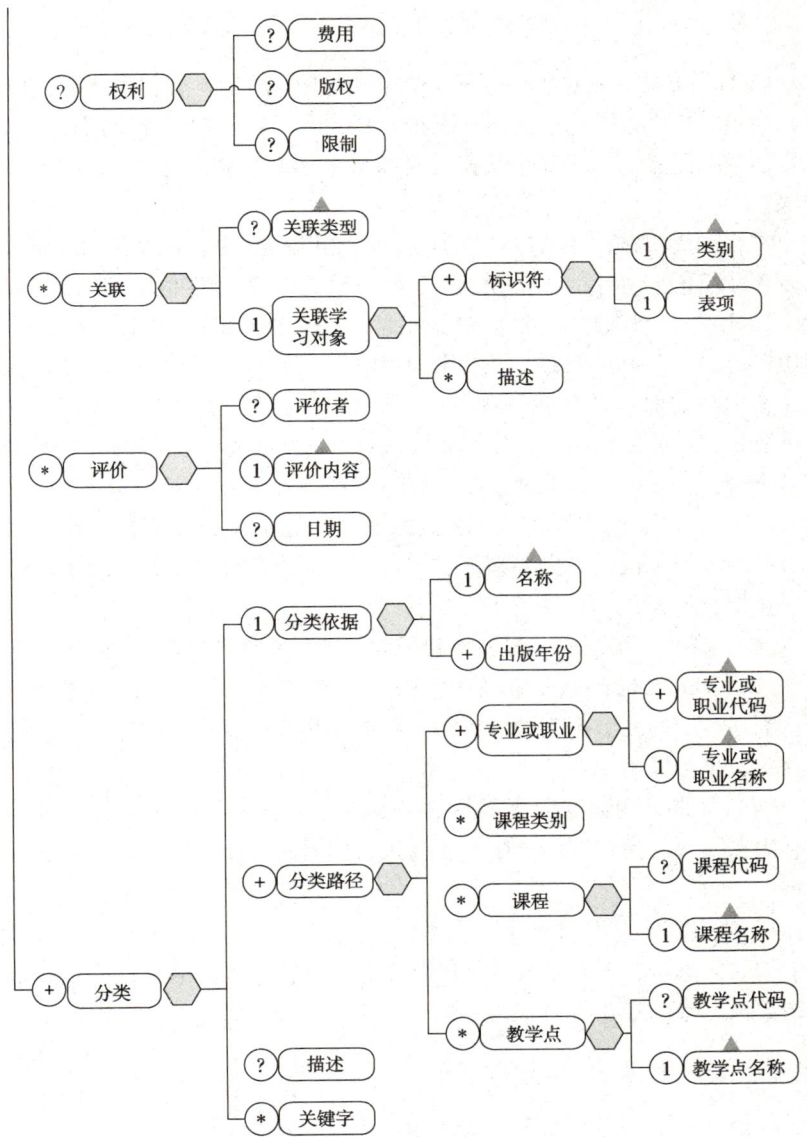

图 1.8　VETLRM 模型的层次表示

1.5.3 模型中的数据元素

VETLRM 模型中的数据元素分为两类：简单数据元素和结构数据元素。简单数据元素是指没有子元素的数据元素，结构数据元素则指包含子元素的数据元素。对于简单数据元素和结构数据元素，用户应该注意以下问题：

① 结构数据元素没有自己的值，只有最底层的叶子结点，即简单数据元素才有自己的值。结构数据元素的值是其子元素值的集合。例如，"1.1 通用. 标识符"是结构数据元素，有两个子元素："1.1.1 通用. 标识符. 类别"和"1.1.2 通用. 标识符. 表项"。"1.1.1 通用. 标识符. 类别"的取值可以是"celtsc"，"1.1.2 通用. 标识符. 表项"的取值可以是"celts-3.1/v1.0"。此时"1.1 通用. 标识符"的取值可以看作是集合（"celtsc"，"celts-3.1/v1.0"）。

② 简单数据元素可以定义取值范围和数据类型，而结构数据元素没有自己的取值范围或数据类型。在任何情况下为结构数据元素定义取值范围或数据类型都是不允许的。

③ 结构数据元素的强制属性和子元素的强制属性之间的关系如下：

（a）如果结构数据元素是必备数据元素，某个子元素是可选数据元素，则在一致的元数据实例中，结构数据元素必须存在，可选子元素既可以存在，也可以不存在。

（b）如果结构数据元素是可选数据元素，某个子元素是必备数据元素，则在一致的元数据实例中，若结构数据元素存在，则必须子元素必须存在。

④ 结构数据元素的子元素作为其组成成分，应按照定义使用。脱离了结构数据元素，子元素没有任何意义。因此，子元素的出现也就默认了结构数据元素的存在。

1.5.4 模型中的数据类型

1. 多语言字符串——对多种人类语言的支持

数据类型为"多语言字符串"的数据元素的值实际上是一个列表。列表的每一项是一个二元组（语种，字符串）。

例如，数据元素"1.2 通用．标题"的数据类型是多语言字符串，那么它的取值可以是：

$$\begin{cases} \text{zh，学习对象元数据规范草案} \\ \text{en，Draft Standard for Learning Object Metadata} \end{cases}$$

又如：

$$\begin{cases} \text{TCP/IP 协议网络模拟课件} \\ \text{en，Courseware for network simulation of TCP/IP protocol} \end{cases}$$

在第二个例子中，第一项省略了对语言的描述，这是允许的。当多语言字符串中的某一项没有指明所使用的语言时，那么它所使用的语言和VETLRM 模型中"3.4 元—元数据．语言"相一致。如果"3.4 元—元数据．语言"没有指定某种语言，那么字符串所使用的语言没有定义。

2. 词汇表——互换能力的进一步提高

对于某些数据元素，规范直接给出了可能的取值集合，称之为词汇表。如果大家都采用词汇表中的值，数据元素将具备较好的数据互换性，且对于教学资源的分类和查找都会有较大帮助。规范中所推荐的词汇表不具备强制性，用户可以不采用。

数据类型为"词汇表"的数据元素的值是一个二元组（来源，值），如图 1.9 所示。其中"来源"指出词汇表的来源。

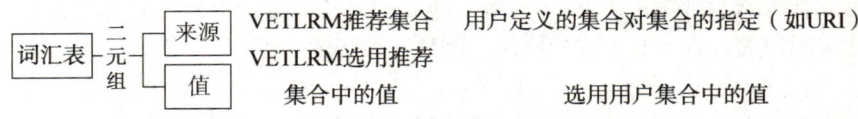

图 1.9 词汇表数据结构

例如，数据元素"5.1 教育．交互类型"的数据类型为词汇表：{主动型，混合型，解说型，其他}，那么"教育．交互类型"的可能取值为：

$$\begin{cases} \text{VETLRM} \\ \text{主动型} \end{cases} \begin{cases} \text{VETLRM} \\ \text{混合型} \end{cases} \begin{cases} \text{VETLRM} \\ \text{解说型} \end{cases} \begin{cases} \text{VETLRM} \\ \text{其他} \end{cases}$$

如果用户认为 VETLRM 中给出的词汇表不能满足要求，用户可引用其他词汇表，包括官方的、被广泛认同的或用户自己定义的。引用的方法是在"来源"一项中给出所引用词汇表的来源。

例如，数据元素"5.2 教育．教学资源类型"，VETLRM 中给出的词汇表为 ｛课程特色介绍，课程建设总结，教学日历，……｝。如果用户不想采用该词汇表，而希望使用词汇表 ｛媒体素材，课件与网络课件，题库，案例，文献资料，网络课程，常见问题解答，资源目录索引｝，并且该词汇表的 URI 为 http：//www.celtsc.edu.cn/restype.html。那么以下两个取值对于"5.2 教育．教学资源类型"这个数据元素来说都是合法的。

$$\begin{cases} \text{VETLRM} \\ \text{教学日历} \end{cases} \qquad \begin{cases} \text{http：//www.celtsc.edu.cn/restype.html} \\ \text{文献资料} \end{cases}$$

3. 日期时间

数据类型为"日期时间"的数据元素的值是一个二元组（日期时间，描述）。其中"日期时间"用于指定一个时间点。"描述"是在无法用"日期时间"来表示时间的情况下（如时间不确定等），通过描述来指定时间。

例如："8.3 评价．日期"是一个数据类型为"日期时间"的数据元素，它的可能取值为：

2001 - 12 - 15 或 （"zh"，大约在国庆节前后）

日期时间的格式由国际标准 ISO 8601 确定。规范采用了其中较为基本的一种表示方式：YYYY - MM - DDThh：mm：ss.sTZD（具体含义请参见《职业教育教学资源元数据 第 1 部分：信息模型》）。统一的格式能简化对时间的处理，减少解析错误，提高互操作性。

4. 持续时间

数据类型为"持续时间"的数据元素的值是一个二元组（持续时间，描述）。其中"持续时间"用于指定一个时间段。"描述"是在无法用"持续时间"来表示时间段的情况下（如时间段不确定等），通过描述来指定时间段。

例如："5.7 教育．典型学习时间"是一个数据类型为"持续时间"的数据元素，它的可能取值为：

PT2H30M15S 或 （"zh""根据用户的实际情况来确定"）

持续时间的格式由国际标准 ISO 8601 确定。规范采用了其中较为基本的一种表示方式：PyYmMdDThHmMs.sS（具体含义请参见《职业教育教学资源元数据 第 1 部分：信息模型》）。统一的格式能简化对时间段的处理，减少解析错误，提高互操作性。

1.5.5 模型中的列表和最低峰值

1. 列表

在某些元数据实例中，一个数据元素的值可以有多个，称为"列表"。列表可以是有序的，也可以是无序的。如果该数据元素有子元素，那么列表的每一项都应该包含子元素。

例1："4.5 技术·位置"的值是有序的列表，它没有子元素。下面是某本书的位置信息，值1是最佳的获取方式，而值3则是最后一种推荐的获取方法。

> 值1：http：//www. lib. tsinghua. edu. cn
> 值2：清华大学图书馆科技书阅览室　　　　↓优先级减弱
> 值3：263网上商城有售

例2："5.2 教育·教学资源类型"的值是无序的列表，它没有子元素。下面是某个教学资源的资源类型信息。值1到值3之间是没有顺序关系的，谁在前谁在后没有任何区别。

> 值1：("VETLRM"，　"教学日历")
> 值2：("VETLRM"，　"课程总体设计方案")
> 值3：("VETLRM"，　" 授课PPT")

例3："4.2 技术·平台要求"的值是无序的列表，它有子元素。下面是某个教学资源的平台要求信息。

值1：　　　　　　　　　　　　　值2：

> 类型：操作系统
> 名称：MS – Windows
> 最低版本：windows 95
> 最高版本：–

> 类型：浏览器
> 名称：MS – IE
> 最低版本：5.0
> 最高版本：–

2. 最低峰值

（1）具有列表值的数据元素

对于具有列表值的数据元素，所有的应用程序所能支持的列表的项数都应大于或等于最低峰值。

例如，数据元素"1.1　通用．标识符"的值是一个列表，列表的最低峰值是10。那么一个和VETLRM一致的应用程序应该至少能处理10个标识符。

（2）数据类型为字符串或多语言字符串的数据元素

对于数据元素中的字符串（不管是直接的或包含在多语言字符串中），所有应用程序所能支持的最大字符串长度都应大于或等于最低峰值。

例如，"1.3　通用．语言"用字符串表示，最低峰值是100个字符，那么一个和VETLRM一致的应用程序至少应该能支持长度为100的字符串。

1.5.6　VETLRM的核心集

在VETLRM中，元数据模型的每个数据元素都被赋予了一个属性：必备或可选。所谓必备，是指该数据元素对于元数据实例的合法性是必须的。所谓可选，是指该数据元素存在与否同元数据实例的合法性没有直接的关系。VETLRM模型中所有的必备数据元素组成了VETLRM模型的核心集。

1. 核心集的作用

不可否认，VETLRM希望能够较全面地对教学资源进行描述，因此定义了较多的数据元素。如此庞大的数据项带来的问题是：

① 如果要求用户全部支持，则实现较为困难，不利于标准的推广和采纳。即使用户采纳了VETLRM，也会自己减少元数据的数目。

② 如果让用户任意选取，那么很有可能不同的用户选择不同的数据元素，互操作性就没有保证，失去了标准的意义。

通过确定核心集把数据元素减少到可以控制的范围内，有助于元数据工具和产品的开发者采纳VETLRM，同时通用的核心集也为互操作性提供了保证。

2. 核心集的组成

核心集数据元素的组成如图1.10所示。从图1.10可以看到：核心集中都是一些十分通用的数据元素。换句话说，核心集中的元素比别的数据元素更基础。

通用
生存期
元元数据
技术
教育
权利
关系
评注
分类
0
1
2
3
4
5
数据元素的个数（不包含子元素）

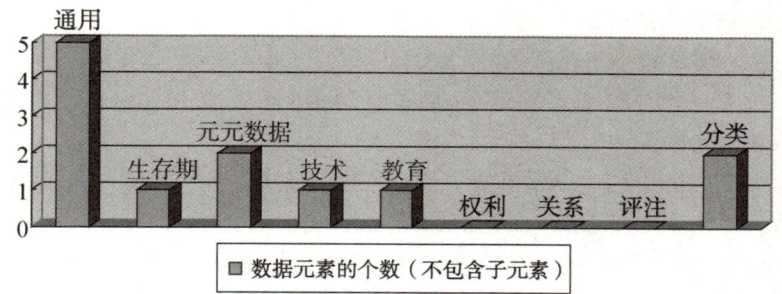

图 1.10 核心集元素的分布

图 1.11 是核心集的层状表示。对于核心集中每一个数据元素的具体细节，请参考《职业教育教学资源元数据 第 1 部分：信息模型》。

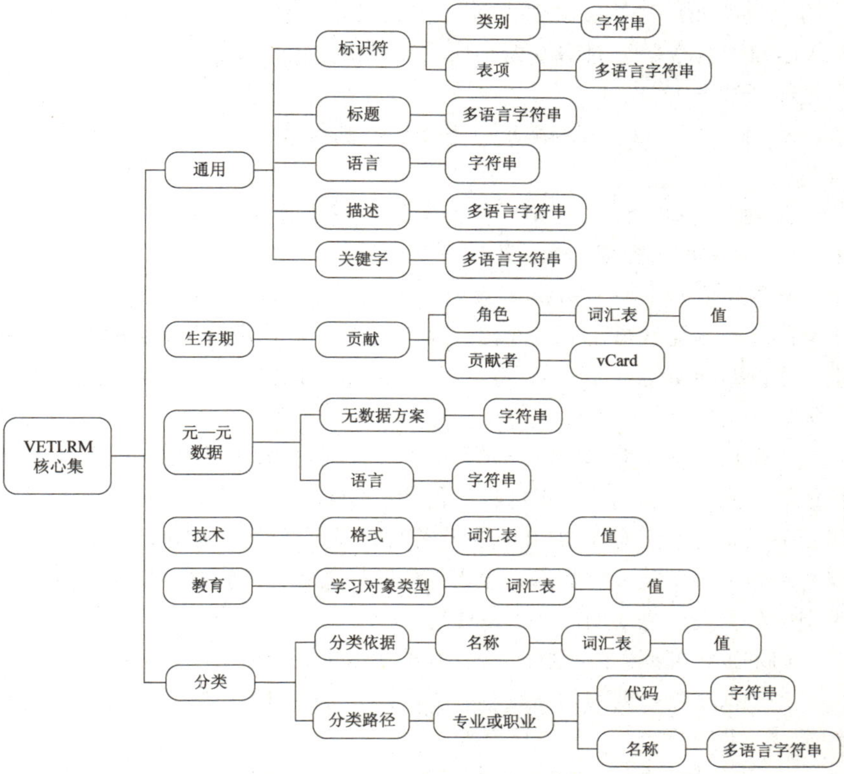

VETLRM
核心集
通用
标识符
类别
字符串
表项
多语言字符串
标题
多语言字符串
语言
字符串
描述
多语言字符串
关键字
多语言字符串
生存期
贡献
角色
词汇表
值
贡献者
vCard
元—元
数据
无数据方案
字符串
语言
字符串
技术
格式
词汇表
值
教育
学习对象类型
词汇表
值
分类
分类依据
名称
词汇表
值
分类路径
专业或职业
代码
字符串
名称
多语言字符串

图 1.11 VETLRM 核心集的层次结构

3. 核心集的含义

核心集具有强制性：

对于一个和 VETLRM 模型一致的元数据实例：必须包含核心集中的所有数据元素。

对于一个和 VETLRM 模型一致的元数据应用：必须支持（包括识别，处理，存储等）核心集中的所有数据元素。

用户在确定自己的元数据模型时，需要把核心集纳入其中，同时要求按照 VETLRM 定义的语义来使用核心集中的各个数据元素。

1.5.7 VETLRM 的一致性

所谓一致性，是指用户对于自己的产品（包括元数据实例和元数据应用）应该如何进行一致性声明，也就是表明产品和 VETLRM 的关系。在 VETLRM 中，一致性分为两个层次：严格一致和一致。

1. 严格一致

① 若一个元数据实例满足以下条件，则可称其"和 VETLRM 严格一致"：

元数据实例包含 VETLRM 核心集的所有数据元素，可以包含 VETLRM 模型中的可选数据元素，不包含除此之外的任何数据元素。

元数据实例中所有数据元素所描述的教学资源属性应该和 VETLRM 规定的该数据元素描述的属性相一致。也就是说，用户不能滥用 VETLRM 模型中的数据元素，如不能把"1.2 通用.标题"用于描述文档的字体等。

元数据实例中数据元素的值的结构应该严格按照 VETLRM 的规定进行组织，元数据实例要体现这种结构信息。也就是说，要保持数据元素的嵌套关系，且不能对 VETLRM 中定义的数据元素做任何的扩展。这一规定并不意味着不能改变数据元素之间的顺序关系，类别之间以及类别和子类别中数据元素之间的次序可以改变。

VETLRM 模型中的数据元素没有被重新定义取值范围和数据类型。

元数据实例中列表的项数和字符串的长度不能超过规范所规定的最低峰值。

② 若一个元数据应用满足以下条件，则可称其"和 VETLRM 严格一

致"：

元数据应用能处理核心集中的所有数据元素，可以处理可选数据元素，不能处理扩展数据元素。

如果元数据应用收到一个和 VETLRM 严格一致的元数据实例，并进行存储和转发，那么在此过程中不能丢失元数据实例中的任何信息（超过最低峰值的列表或字符串除外）。

2. 一致

① 若一个元数据实例满足以下条件，则可称其"和 VETLRM 一致"：

元数据实例包含 VETLRM 核心集的所有数据元素，既可以包含 VETLRM 模型中的可选数据元素，也可以包含除此之外的扩展数据元素。

元数据实例中 VETLRM 数据元素所描述的教学资源的属性应该和 VETLRM 所规定的该数据元素描述的属性相一致。也就是说，用户不能滥用 VETLRM 模型中的数据元素，如不能把"1.2　通用．标题"用于描述文档的字体等。

元数据实例中 VETLRM 数据元素的值的结构应该按照 VETLRM 的规定进行组织，元数据实例要体现这种结构信息。也就是说，要保持数据元素的嵌套关系，但可以对 VETLRM 中的数据元素进行扩展。类别之间以及类别和子类别中数据元素之间的次序可以改变。

VETLRM 模型中的数据元素没有被重新定义数据类型。

如果元数据实例中有扩展数据元素，那么扩展的数据元素不能替代 VETLRM 模型中的任何数据元素。

② 若一个元数据应用满足以下条件，则可称其"和 VETLRM 一致"：

元数据应用能处理核心集中的所有数据元素，既可以处理可选数据元素，也可以处理扩展数据元素。

如果元数据应用收到一个和 VETLRM 一致的元数据实例，并进行存储和转发，那么在此过程中元数据实例中的 VETLRM 数据元素不能丢失任何信息（超过最低峰值的列表或字符串除外）。

3. VETLRM 模型的扩展

对 VETLRM 模型的扩展包括两个方面：为结构数据元素添加新的子元素和增加新的类别。

对于元数据的扩展问题，很难给出统一的方案。但在扩展的过程中应该注意以下问题：

① VETLRM 模型中"分类"为用户提供了对教学资源进行分类的机制。由于分类系统可以用户自己定义，因此是一种扩展数据元素的手段。用户可以考虑使用"分类"来实现所要扩展的数据元素。

② 尽量使用 VETLRM 模型中的数据元素来描述教学资源的属性，不能随意进行扩展。

③ 如果有扩展的数据元素，扩展的数据元素不能取代或重复 VETLRM 模型中的数据元素。例如，元数据实例中不允许这样的新的数据元素"标题和版本"，因为它取代了 VETLRM 模型中已有的数据元素："1.2 通用.标题"和"2.1 生存期.版本"。

1.6 词汇表和分类法

作为《职业教育教学资源元数据》的取值集合，词汇表和分类法应能够对资源进行准确的描述而且它们应该为教学资源的开发者和使用者所熟悉。《职业教育教学资源元数据》和恰当的分类法一起才真正构成了学习资源市场的基础。因此，对词汇表和分类法的合理定义和广泛使用同样迫切和重要。

虽然《职业教育教学资源元数据》给出了一些可供参考的词汇表和分类法（不包括 VETLRM 中的词汇表），但由于任何词汇表不可能被所有用户所接受，因此不具备强制性。因此，我们仅提供词汇表和分类法的相关信息，其中有些是被广泛使用的，而且在某一领域内能较好地描述学习资源的属性。如果用户有其他更为合适的词汇表或分类法，请与我们联系。

那么哪些数据元素需要给出词汇表或分类法呢？这些数据元素的选取原则如下：该数据元素的数据类型是词汇表或它的取值可以归到某一分类法中；该数据元素有完整的定义；该数据元素已经被较多用户所采纳并且有与之相关的词汇表产生。表1.3列出了这些数据元素。

表 1.3　词汇表数据元素

数据元素	描述
1.3　通用.语言	教学资源所使用的人类语言
1.7　通用.结构	教学资源的基本组织结构
1.8　通用.聚合度	教学资源在功能上的粒度
2.2.1　生存期.贡献.角色	贡献者所做贡献的类型
3.2.1　元—元数据.贡献.角色	元数据贡献者的类型
4.1　技术.格式	教学资源在技术上的数据类型
4.2.1　技术.平台要求.类型	使用教学资源所需要的技术条件
4.2.2　技术.平台要求.名称	使用教学资源所需要的技术的名称
5.1　教育.交互类型	教学资源与用户之间的交互形式
5.2　教育.教学资源类型	教学资源的具体类型，最重要的优先列出。
5.3　教育.用户类型	教学资源适宜的用户，最重要的优先列出
5.4　教育.语境	教学资源的主要使用者，最主要的优先列出
5.6　教育.难度	对于典型的学习用户来说，该教学资源的学习难度
6.1　权利.费用	使用该教学资源是否需要付费
6.2　权利.版权	该教学资源有无版权
7.1　关联.关联类型	该教学资源和被关联教学资源之间的关系性质
9.1.1　分类.分类依据.名称	对教学资源进行分类所依据的专业或职业目录的名称
9.2.2　分类.分类路径.课程类别	教学资源所适用的课程类别

1.7　XML 绑定规范

1.7.1　XML

XML 是可扩展标记语言（Extensible Markup Language）的缩写，是用来定义其他语言的一种元语言，其前身是标准通用标记语言（Standard Generalized Markup Language，SGML）。标准通用标记语言的主要目的是定义使用标签来表示数据的标记语言的语法。同超文本标记语言（Hypertext Markup Language，HTML）一样，可扩展标记语言是标准通用标记语言的一个子集，它是描述网络上的数据内容和结构的一个标准。HTML 仅提供了在页面上显示信息的通用方法，没有上下文相关和动态功能，而 XML 则对数据赋予了上下文相关功能，它继承了标准通用标记语言的大部分功能，却使用了不太复杂的技术。XML 用来传输和存储数据，而不描述页面元素的格式化；其焦点是数据的内容，描述的是文档的结构和意义，可用样式单为文档增加格式化信息。文档本身只说明文档包括什么标记，而并不说明文档看起来是什么样的；HTML 则是用来显示数据，其焦点是数据的外观。

作为对照，HTML 文档包括了格式化、结构和语义的标记。例如，< B > 就是一种格式化标记，表示 < > 之中的内容为粗体。< STRONG > 是一种语义标记，意味着其中的内容特别重要。< TD > 是结构标记，指明内容是表中的一个单元。事实上，某些标记可具有以上三种意义。< H1 > 标记可同时表示 "20 磅的 Helvetica 字体的粗体、第一级标题和页面标题"。例如，在 HTML 语言中，一首歌曲可由定义标题、定义数据、无序的列表和列表项来描述，而事实上这些项目本身与音乐无关。用 HTML 定义的歌曲可能如下：

```
< dt > Hot Cop
< dd > by Jacques Morali Henri Belolo and Victor Willis
< ul >
< li > Producer：Jacques Morali
< li > Publisher：PolyGram Records
< li > Length：6:20
< li > Written：978
< li > Artist：Village People
< /ul >
```

而在 XML 中，同样的数据可能标记为：

```
< SONG >
< TITLE > Hot Cop < /TITLE >
< COMPOSER > Jacques Morali < /COMPOSER >
< COMPOSER > Henri Belolo < /COMPOSER >
< COMPOSER > Victor Willis < /COMPOSER >
< PRODUCER > Jacques Morali < /PRODUCER >
```

```
< PUBLISHER > PolyGram Records < / PUBLISHER >
< LENGTH >6:20 < / LENGTH >
< YEAR > 978 < / YEAR >
< ARTIST >Village People < / ARTIST >
< / SONG >
```

在这个清单中没有使用通用的标记如 < dt > 和 < li >，而是使用了具有意义的标记，如 < SONG >、< TITLE >、< COMPOSER > 和 < YEAR > 等。这种用法具有许多优点，如源码易于被人阅读，能够看出作者的含义等。XML 标记还使非人类的自动机器人易于找出文档中的所有歌曲。在 HTML 语言中，机器人只能告诉我们这个元素是 dt。机器人不能决定 dt 到底代表一首歌的题目还是定义，抑或只是一些设计者喜爱的缩进文本格式。事实上，单一文档中可以较好地包括带有三种意义的各种 dt 元素。

为了使标准通用标记语言更易于被用户理解和使用，XML 重新定义了标准通用标记语言的一些内部值和参数，去掉了大量较少用到的功能。XML 保留了标准通用标记语言的结构化功能，网站设计者可以定义自己的文档类型；同时，XML 也推出了一种新型文档类型，开发者也可不对文档类型进行定义。

XML 是个公共格式，不依附于特定浏览器的语言。虽然 XML 没有标签集（tag set）和语法规则（grammatical rule），但它有句法规则（syntax rule）。任何 XML 文档对任何类型的应用以及正确的解析都必须是良构的（well–formed），即每一个打开的标签都必须有匹配的结束标签，不得含有次序颠倒的标签，并且在语句构成上应符合技术规范的要求。XML 文档可以是有效的（valid），但并非一定要求有效。所谓有效文档是指符合其文档类型定义（DTD）的文档。如果一个文档符合一个模式（schema）的规定，那么这个文档是模式有效的（schema valid）。

在 XML 中，采用了如下的语法：

① 任何的起始标签都必须有一个结束标签。

② 可以采用另一种简化语法，可以在一个标签中同时表示起始和结束标签。这种语法是在大于符号之前紧跟一个斜线（/）。

③ 标签必须按合适的顺序进行嵌套，所以结束标签必须按镜像顺序匹配起始标签。

④ 所有的属性都必须有值。

⑤ 所有的属性都必须在值的周围加上双引号。

与 HTML 或是格式化的程序不同，XML 是一种元标记语言。用户可以定义自己需要的标记。这些标记必须根据某些通用的原理来创建，但是在标记的意义上，也具有相当的灵活性。新创建的标记可在文档类型定义中加以描述。在本书的第 2 章中将会学到有关 DTD 的更多知识。现在，只需把 DTD 看作是一本词汇表和某类文档的句法。例如，在 Peter Murray – Rust 的化学标记语言（Chemical Markup Language，CML）中的 MOL. DTD 文件中描述了词汇表和分子科学的句法，其中包括 chemistry（化学）、crystallography（结晶学）、solid state physics（固体物理）等词汇。它包括用于 atoms（结晶学）、solid state physics（固体物理）等词汇。它包括用于 atoms（原子）、molecules（分子）、bonds（化学键）、spectra（光谱）等的标记。这个 DTD 可与分子科学领域中的他人共享。其他领域也有其他的 DTD，用户还可以创建自己的 DTD。XML 定义了一套元句法，与特定领域有关的标记语言（如 MusicML、MathML 和 CML）都必须遵守。如果一个应用程序可以理解这一元句法，那么它也就自动地能够理解所有的由此元语言建立起来的语言。浏览器不必事先了解多种不同的标记语言使用的每个标记，在读入文档或是它的 DTD 时才了解给定文档使用的标记。

《职业教育教学资源元数据》中的数据模型定义了一个层次结构的概念模型，可方便地表示包含元素和子元素的数据。XML 非常适合表示层次结构的模型，XML 文档就是层次结构的，它由元素组成，元素可以有自身的内容和属性。

1.7.2　XML 元素

元素是一个文档的基本组成部分，它经过标识后可以被计算机识别。XML 元素是指从开始标签直到结束标签的部分。元素可包含其他元素、文本或者两者的混合物。元素也可以拥有属性。

每一个元素都有一个名称，称为"标记名"，XML 标记名是大小写敏感的，对于标记名的使用遵循如下规则：

① 名称可以含字母、数字以及其他字符。

② 名称不能以数字或者标点符号开始。

③ 名称不能以字符"xml"（或者 XML、Xml）开始。

④ 名称不能包含空格。

⑤ 元素名不得使用 XML 1.0 规范中的保留字，如 DOCTYPE、ELE-MENT、ATTLIST、ENTITY 等。

1. 元素的标记名

元素有一个标记名，当标记名前面有一个小于号，后面有一个大于号，即以"<标记名>"方式出现时，它就是一个开始标记，表示一个元素的开始；当标记名以"</标记名>"方式出现时，它就是一个结束标记，表示一个元素的结束。元素的内容在开始标记和结束标记之间，当一个 XML 元素有一个开始标记和结束标记且具有相同的标记名时，它被称为"结构良好的"XML。元素的内容在开始标记和结束标记之间，如下所示：

```
<TAGNAME>content</TAGNAME>
```

2. 元素的内容

一个元素可以包含其他元素、已解析字符数据（PCDATA）、字符数据（CDATA）或 PCDATA 和元素的组合。一个元素能够包含的内容称为内容模型。XML 解析器以某种特殊的或保留的方式解析 PCDATA，除非它们被特别标记过（或转义过）。相比之下，由于 CDATA 不会被 XML 解析器处理，因而它们可以包含特殊字符或保留字符而不需要转义。

3. 元素的属性

元素的属性包含该元素的额外信息，它提供了一种能够表示文档中元素的特征或性质的方法。一个元素可以有一个以上的属性。属性位于元素的开始标记之内，它包括属性名称、一个等号和双引号之内的属性的值，如下所示：

```
<timeframe>
<begin restrict="1">1999-07-23</begin>
</timeframe>
```

在上例中，"timeframe"元素包含一个子元素"begin"，"begin"元素有一个属性"restrict"，属性的值为"1"。"begin"元素的值为"1999-07-23"。这两个元素标记了一个帧的开始日期。

```
< bookstore >
    < book category = "CHILDREN" >
    < title >Harry Potter < /title >
    < author >J K.Rowling < /author >
    < year >2005 < /year >
    < price >29.99 < /price >
    < /book >
    < book category = "WEB" >
      < title >Learning XML < /title >
      < author > Erik T.Ray < /author >
      < year >2003 < /year >
      < price >39.95 < /price >
    < /book >
< /bookstore >
```

在上例中，< bookstore > 和 < book > 都拥有元素内容，因为它们包含了其他元素。< author > 只有文本内容，因为它仅包含文本；只有 < book > 元素拥有属性（category = "CHILDREN"）。

1.7.3 文档类型定义

标签名、内容模型和元素的属性在文档类型定义（DTD）语句中定义。该语句既可以在一个外部文件中，也可以在 XML 文档内。文档内的 DTD 用来重载外部的 DTD 文件，因此需要慎重使用。DTD 定义了可以使用的元素，它也可以定义元素的内容。

XML 的编辑者可以通过 DTD 的使用来指导开发者在 XML 文档的正确位置建立正确的元素，其他的开发者可以通过使用 DTD 来确定它们的 XML 文档与 DTD 中对元素名及其位置的定义一致。

1.7.4 XML 大纲

大纲是标准化的规范，它定义了能够在 XML 实例中出现的元素和元素组合。新的大纲语言，如 XML－Schemas 工作组所定义的，提供了与 DTD 相同的基本功能。由于大纲语言是可扩展的，开发者能够在其中增加附加信息，如数据类型、继承性和表述等方面的规则，这使得大纲语言比 DTD 要强大得多。

1.7.5 属性的使用

XML 中的属性用来提供元素的额外信息，属性值必须用引号（单引号、双引号都可以使用）。例如，一个人的性别，person 元素可以这样写：

```
<person sex="female"></person>
```

也可以这样写：

```
<person sex='female'></person>
```

上面两种写法在一般情况下是没有区别的，使用双引号的应用更普遍一些。但是在某些特殊的情况下必须使用单引号，比如下面的例子：

```
<gangster name='George"Shotgun"Ziegler'></gangster>
```

数据既可以存储在子元素中，也可以存储在属性中，如下面的例子：

```
<person sex="female"firstnameAnna/firstname lastnameSmith
/lastname>
</person>
<person>
    sexfemale/sex  firstnameAnna/firstname  lastnameSmith
    /lastname
</person>
```

什么时候用属性，什么时候用子元素没有可遵循的明确规则。在第一个例子中，sex 是一个属性；而在第二个例子中，sex 则是一个子元素。这两个例子都提供了相同的信息。

在本规范中，属性用来表示元数据实例中词汇的结构和来源信息，而不用于表示教学资源的信息。本规范仅在某些地方以某种方式使用两个属性："XML：lang"属性和"type"属性。

1. XML：lang 属性

如果一个叶子结点的数据类型是多语言字符串，那么在用 XML 描述该叶子结点时就需用到"XML：lang 属性"。该属性指明用何种语言表达元素的内容，它只能够作为多语言字符串 <langstring> 元素的属性。该属性的值可以是用两个字符表示的语种代码，加上用两个字符表示的国家代码。例如：

```
<otherplatformrequirements>
<langstring XML:lang = "en-US">Will not run in browser.
</langstring>
</otherplatformrequirements>
```

语种与国家代码参见 W3C XML 规范。

词汇表类型（在 <source> 和 <value> 元素中）中 <langstring> 元素的"XML：lang"属性值必须为"x-none"。例如：

```
<role>
<source>
<langstring XML:lang = "x-none">LOMv1.0</langstring>
</source>
<value>
<langstring XML:lang = "x-none">作者</langstring>
</value>
</role>
```

2. type 属性

该属性指明 <location> 元素中用于表示教学资源位置的字符串类型。它的值为"URI"和"TEXT"中的一个，表示字符串是描述教学资源位置的语句或是互联网上的某一个地址，如 URL。例如：

```
<technical>
    <format/>
    <size>1032353</size>
    <location type = "URI">http://www.brookscole.com</lo-
    cation>
</technical>
```

1.7.6 列表

《职业教育教学资源元数据》在层次结构的多个级别中使用了列表。列表指元素内容的多次重复出现。在 XML 文档中通过将包含的元素重复多次来实现。例如：

```
<?XML version = "1.0"encoding = "UTF-8"?>
<!DOCTYPE record [
```

```
<！ELEMENT general（language＊）>
<！ELEMENT language（#PCDATA）>
]>
<VETLRM>
<language>en_US</language>
<language>fr_FR</language>
</VETLRM>
```

上面的例子中重复使用了<language>元素，因而，<language>是重复内容"en_ US"和"fr_ FR"的包含元素。在内容模型中重复元素的表示方法遵循 W3C XML 规范。星号（＊）表示 XML 实例化过程中<language>元素可以重复任意次或不出现。列表主要分为两种类型：有序的和无序的。

1. 有序列表

在 XML 结构中，列表元素在特定位置重复出现多次就是有序列表，这些元素在 XML 文档中的位置说明它们是有序的。在下面的 XML 片断中，<educational>元素包含了由<learningresourcetype>构成的有序列表：

```
<educational>
  <learningresourcetype>
    <source>
      <langstring XML:lang="x-none">LOMv1.0</langstring>
    </source>
    <value>
      <langstring XML:lang="x-none">试题</langstring>
    </value>
  </learningresourcetype>
  <learningresourcetype>
    <source>
      <langstring XML:lang="x-none">LOMv1.0</langstring>
    </source>
    <value>
      <langstring XML:lang="x-none">试卷</langstring>
    </value>
```

```
< /learningresourcetype >
</educational >
```

2. 无序列表

在 XML 结构中，列表元素在特定位置重复出现多次就是无序列表，元素的顺序无关紧要。例如：

```
<general >
  <language >en_US < /language >
  <language >fr_FR < /language >
</general >
```

在上例中，< language > 元素的每一次重复都生成一个新定义的"language"实例。《职业教育教学资源元数据》定义了元素列表的顺序属性。

1.7.7　名称空间

XML 允许用户定义自己的元素标签名。很明显，如果在某一个文档中使用了包含相同元素的不同的 DTD，就会出现问题。W3C XML 名称空间建议定义了在一个文档中标识不同 DTD 中名称的方法。

XML 名称空间文档提供了更多有关名称空间可扩展性的说明。W3C 名称空间建议（http：//www.w3.org/TR/1999/REC - XML - names - 19990114）没有规定如何使用名称空间。它的介绍性摘要如下：

"通过将名称与用 URI 引用标识的名称空间相关联，XML 名称空间提供了一种标识 XML 文档中元素名和属性名的简单方法。"

W3C XML 1.0 规范没有规定如何处理名称空间。使用名称空间通常有两种方法：

① 用来指明用于机器解释的特定编码方案。

② 用来作为唯一性和可能定义（语义）的引用。

这两种方法并不是互斥的。名称空间是作为元素名或属性名的前缀来使用的，例如：

```
<dc:subject >
```

前缀"dc："是一个限定词，且必须在文档中的其他位置定义。有关名称空间使用的详细内容请参考 W3C 名称空间建议。名称空间应指向大纲文件以供验证。要指向一个本地的大纲文件，大纲和 XML 实例必须在同一目录中，并以下面的形式出现：

```
< lom XMLns = "http://www.imsglobal.org/xsd/imsmd_rootv1p2"
XMLns:xsi = "http://www.w3.org/2000/10/XMLSchema - instance"
xsi:schemaLocation = " http:// www.imsglobal.org/xsd/imsmd_
rootv1p2 imsmd_rootv1p2d.xsd" >
```

如果要在线验证 XML 实例，名称空间的引用应该采用下面的形式：

```
< lom XMLns = "http://www.imsglobal.org/xsd/imsmd_rootv1p2"
XMLns:xsi = "http://www.w3.org/2000/10/XMLSchema - instance"
xsi:schemaLocation = " http:// www.imsglobal.org/xsd/imsmd_
rootv1p2
http://www.imsglobal.org/xsd/imsmd_rootv1p2d.xsd" >
```

第 2 章 元数据结构

《职业教育教学资源元数据》标准分为三个部分：

第 1 部分：信息模型。

第 2 部分：XML 绑定。

第 3 部分：实践指南。

"第 1 部分：信息模型"规定了一个概念数据模式，用于定义职业教育教学资源元数据实例结构的数据元素。

"第 2 部分：XML 绑定"定义了对职业教育教学资源元数据信息模型进行 XML 绑定的方法，旨在提供职业教育教学资源管理系统互操作的一种元数据数字化承载形式。

"第 3 部分：实践指南"对于如何理解和使用《职业教育教学资源元数据》进行了描述，并对信息模型做了进一步的归纳总结。

本章拟以大量的实例说明《职业教育教学资源元数据》在实际中如何运用。

2.1 基本元数据结构

职业教育教学资源元数据实例用于描述教学资源的相关特征，这些特征被划分成 9 个不同的类别，分别如下：

① 通用：组合了对教学资源进行整体描述的通用信息。

② 生存期：组合了与教学资源的历史和当前状态有关的特征以及在演化期间已经影响该资源的个人和组织。

③ 元—元数据：组合了元数据实例本身（不是元数据实例描述的教学资源）的信息。

④ 技术：组合了教学资源的技术要求和技术特征。

⑤ 教育：组合了教学资源的教育和教学特征。

⑥ 权利：组合了教学资源的知识产权和使用条件。

⑦ 关联：组合了定义在教学资源与其他相关教学资源之间的相互关

系的特征。

⑧ 评价：组合了对教学资源在教育使用上的一些评论，以及这些评论的作者和创作时间的信息。

⑨ 分类：描述了教学资源在某个或某些特定分类系统的关系信息。

2.2　数据元素

LOM 信息模型是一种层次型结构，只有最底层的数据元素才有自己的值，并由与之相关联的值空间或数据类型进行定义。例如，在本书 2.8 节所定义的信息模型中，"1.1.1　通用．标识符．类别"是最底层的数据元素，指标识方案或编目方案的名称，有具体的取值，而其父元素"1.1 通用．标识符"及父元素的父元素"1　通用"都没有自己的值。

对每个数据元素，规范的基本模式都定义了下列内容：

① 名称：数据元素的名称及其对应的英文名称。

② 解释：对数据元素的释义。

③ 约束：对数据元素约束状态的描述，有两种可能的取值，M（必备数据元素）和 O（可选数据元素）。

④ 大小：允许的值的个数；对数据元素可列举个数的限定指标。有星号标记的为最低峰值，例如，"＊10"表示所有处理实例的应用程序至少应该能够处理该数据元素有 10 个列表项的情况。

⑤ 次序：值的次序是否有意义，仅适用于"大小"一栏中取值大于 1 的数据元素，有两种可能的取值，是（有意义）和否（无意义）。

⑥ 示例：一种说明的例子。

对于最底层可以取值的数据元素，基本模式中定义了：

（a）值空间：数据元素的取值范围。一般以词汇表或者引用另一个标准/规范的形式给出。

（b）数据类型：能表达数据值的数据元素的类型指标，指明数据元素的值是多语言字符串、日期时间、词汇表或未定义。有星号标记的为最低峰值，例如，"字符串＊（100 个字符）"表示该数据元素的数据类型为字符串，且所有处理实例的应用程序至少应该能够处理该数据元素的值等于长度为 100 的字符串的情况。

2.3　列表项

在元数据实例中，某些数据元素的值可以不是一个单一的值，而是一个列表。列表应该是下面两种类型之一：

1. 有序的

值的先后次序是有意义的。例如，在全部贡献者的列表中，排在第一位的贡献者一般来讲是最重要的贡献者。

2. 无序的

值的先后次序没有意义。例如，对于教学资源的评价可以有多条，这些评价之间没有次序关系，变换次序不会造成信息丢失。

2.4　词汇表

《职业教育教学资源元数据 第1部分：信息模型》为某些数据元素定义了词汇表。词汇表是一个推荐使用的取值列表，使用推荐值将具有最大程度的语义互操作性。词汇表中取值的符号表示在《职业教育教学资源元数据 第1部分：信息模型》"11 词汇表"部分中定义。也就是说，这些元数据将最大可能地被别的终端用户所理解。

2.5　最低峰值

最低峰值的定义适用于如下两种情况：

1. 具有列表项的数据元素

所有处理实例的应用程序至少应该能够处理最低峰值所规定的列表项数，即应用程序一般会定义所能处理列表项数的一个上限值，该值不能小于最低峰值。

2. 数据类型为字符串或多语言字符串的数据元素

对于数据元素中的字符串，所有处理实例的应用程序至少应该能处理最低峰值所规定的字符串长度，即应用程序一般会定义所能处理字符串长度的一个上限值，该值不能小于数据元素的数据类型所规定的最低峰值。

2.6　字符集

《职业教育教学资源元数据 第1部分：信息模型》定义了元数据的一个概念上的结构，没有对绑定、编码和表示等方面做出规定。

2.7　表示

对于每一个数据元素，《职业教育教学资源元数据　第1部分：信息模型》规定了取值的数据类型（字符串、多语言字符串、日期时间、持续时间、词汇表）。

《职业教育教学资源元数据　第1部分：信息模型》没有定义元素名称，这些表示在《职业教育教学资源元数据　第2部分：XML绑定》中定义。

2.8　信息模型

表2-1定义了职业教育教学资源元数据VETLRM的信息模型。

表 2 - 1   VETLRM 信息模型

编号	名称	解释	约束	大小	次序	值空间	数据类型	示例
1	通用，general	该类别描述了教学资源的一些通用信息	M	1				
1.1	标识符，identifier	教学资源在某一类别中的标识符，在该类别中，标识符是唯一的。若教学资源属于不同的类别，需要用到标识符的多个实例	M	*10	否			
1.1.1	类别，catalog	标识方案或编目方案的名称或指示符，一种命名方案	M	1		GB 13000—2010 的字汇	字符串 *（1 000 个字符）	"ISBN" "URI"
1.1.2	表项，entry	在标识或编目方案中用于标识此教学资源的标识符	M	1		GB 13000—2010 的字汇	字符串 *（1 000 个字符）	"7 - 309 - 04547 - 5" "http://www.ncet.edu.cn/res/04547"
1.2	标题，title	所描述的教学资源的名称	M	1			多语言字符串 *（1 000 个字符）	（"zh" "for循环"）

续表

编号	名称	解释	约束	大小	次序	值空间	数据类型	示例
1.3	语言,language	同目标用户交流时教学资源所使用的主要语言。注1:一个索引或编目工具可能提供有效的默认值。注2:如果教学资源不包含语言内容,则该数据元素的合理取值是"none"。注3:本数据元素表示教学资源所使用的语言	M	*10	否	表示形式:语言编码[-国家编码]其中语言编码是对不同语言的编码,必选项,由GB/T 4880.1—2005定义,国家编码是对各个国家和地区的编码(可以出现多次),可选项,由GB/T 2659—2000定义。	字符串*(100个字符)	"zh" "en" "fr-CA"
1.4	描述,description	对教学资源内容的文本描述。注:本描述所使用的语言和表达方法不一定要适合教学资源的使用者,但应该适合那些决定教学资源是否适用于学习者的用户,如教学资源开发者、提供者、汇聚者等	M	*10	否		多语言字符串*(2000个字符)	("zh" "for语句构成的循环,是循环结构中功能最强、最灵活的一种,不仅可用于循环次数已经确定的情况,也可用于循环次数虽不确定,但给出了循环继续执行条件的情况。")

续表

编号	名称	解释	约束	大小	次序	值空间	数据类型	示例
1.5	关键词，keywords	用以描述教学资源内容的关键词，可以有多个	M	*10	否		多语言字符串 *（1 000 个字符）	（"zh" "循环结构"）
1.6	覆盖范围，coverage	教学资源所涉及的时间、文化和地理区域。教学资源内容的范围和广度，覆盖主要包括空间位置，时间段或权限。实现时推荐从受控词汇表中取值，并且如可能，地点名称或时间段尽可能使用数字标识	O	*10	否		多语言字符串 *（1 000 个字符）	（"zh" "20 世纪 40 年代之后"）
1.7	结构，structure	教学资源的基本组织结构	O	1		原子：粒度不可再分的教学资源。线性：教学资源中各组成元素间是线性存在的。层次：教学资源中各组成元素间是层次型结构。网状：教学资源中各组成元素间是网状结构。集合：教学资源中各组成元素之间没有任何关联。其他	词汇表	

续表

编号	名称	解释	约束	大小	次序	值空间	数据类型	示例
1.8	聚合度，aggregation level	教学资源在功能上的粒度	O	1			词汇表	"最小程度上的聚合"
2	生存期，life cycle	该类别描述了教学资源的历史和当前状态以及那些对教学资源的发展产生作用的人或组织	M	1				
2.1	版本，version	教学资源的版本	O	1			多语言字符串 * （60 个字符）	（"en""1.2alpha"）（"zh""正式版"）
2.2	贡献，contribute	在教学资源的生存周期中为其发展做出贡献（如：创建、编辑、发行等）的人或组织	M	*30	否			
2.2.1	角色，role	贡献的类型。注：至少应描述该教学资源的作者	M	1			词汇表	"作者"

续表

编号	名称	解释	约束	大小	次序	值空间	数据类型	示例
2.2.2	贡献者，contributor	对元数据实例做出贡献的人或组织的标识及相关信息	M	*10	是	vCard，由 IMC vCard 3.0（RFC 2425，RFC2426）定义	字符串 *（1 000 个字符）	"Begin：vCard \ nFN：王璨 \ nTel：0108530l816 \ nTitle：教师：vCard\n"
2.2.3	日期，date	贡献者做出贡献的日期	M	1			日期时间	"2015 – 06 – 16"
3	元－元数据，meta – metadata	该类别描述了元数据实例自身（不是元数据所描述的教学资源）的信息。注：这不是关于教学资源本身的信息	M	1				
3.1	标识符，identifier	元数据记录的标号，该标号全球唯一	O	*10	否			
3.1.1	类别，catalog	"3.1.2 元－元数据·标识符·表项"所属标识方案编目方案的名称或编示符	M	1		GB 13000—2010 的字汇	字符串 *（1 000 个字符）	"URI"

续表

编号	名称	解释	约束	大小	次序	值空间	数据类型	示例
3.1.2	表项，entry	目录系统中记录项的实际值	M	1			多语言字符串 *（1 000 个字符）	
3.2	贡献，contribute	对元数据实例做出贡献的人或组织	O	*5	否			
3.2.1	角色，role	贡献者的类型。注：只允许存在一个创建者的实例	M	1			词汇表	"创建者"
3.2.2	贡献者，contributor	对元数据实例做出贡献的人或组织	M	*10	是	vCard，由 IMC vCard 3.0 （RFC 2425，RFC2426）定义	字符串 *（1 000 个字符）	
3.2.3	日期，date	做出贡献的日期	O	1	.		日期时间	"2015－06－16"
3.3	元数据方案，metadata scheme	用于创建元数据实例的规范名称和版本，如果规范提供多个值，那么元数据实例应该遵循该遵循多个元数据方案	M	*10	否	GB 13000—2010 的字汇	字符串 *（100 个字符）	"VETLRM"

续表

编号	名称	解释	约束	大小	汉字	值空间	数据类型	示例
3.4	语言，language	元数据实例所使用的语言	M	1		表示形式：语言编码[－国家编码]其中语言编码是对不同语言的编码，必选项，由GB/T 4880.1—2005定义，国家编码是对各个国家和地区的编码（可以出现多次，可选项，由GB/T 2659—2000定义	字符串 * (100 个字符)	"zh" "en" "fr－CA"
4	技术，technical	该类别描述了教学资源的技术要求及其相关特征	M	1				
4.1	格式，format	教学资源在技术上的数据类型该元素用于确定教学资源所需的运行软件	M	*40	否	建议采用来自于受控词表中的值，[MIME]媒体格式	词汇表	"DOC"
4.2	平台要求，platform requirements	描述了使用教学资源所需要的技术要求。如果有多个要求，那么所有要求都必须得到满足	O	*40	否			

续表

编号	名称	解释	约束	大小	汉字	值空间	数据类型	示例
4.2.1	类型，type	使用教学资源所需要的技术条件，如：硬件、软件、网络等	O	1			词汇表	"操作系统"
4.2.2	名称，name	使用该教学资源所需要的技术的名称	M	1		GB 13000—2010 的字汇	注：如果4.2.1 类型选择操作系统或者浏览器，则数据类型为词汇表，否则为多语言字符串 * （1 000个字符）	（"en" "Eclipse"）
4.2.3	最低版本（或型号），minimum version	使用该教学资源所需技术的最低版本或型号	O	1		GB 13000—2010 的字汇	字符串 * （100 个字符）	"1.0"
4.2.4	最高版本（或型号），maximum version	使用该教学资源所需技术的最高版本或型号	O	1		GB 13000—2010 的字汇	字符串 * （100 个字符）	"7.0"

续表

编号	名称	解释	约束	大小	次序	值空间	数据类型	示例
4.3	安装说明，installation instructions	描述如何安装使用该教学资源	O	1			多语言字符串 *（2 000字符）	
4.4	大小，size	数字化教学资源的大小，用十进制数字"0"到"9"表示，单位是字节（每字节8位）。该元素表明了教学资源的实际大小，如果教学资源经过压缩，则该元素的值是未压缩时的大小	O	1		GB/T 1988—1998，但只包括数字"0"到"9"	字符串 *（100个字符）	"1024"
4.5	位置，location	用于表明如何获取教学资源的字符串。它可能是一个位置（如URL），或解析出这一种方法（如URI）。最可取的位置优先列出	O	*10	是	GB 13000—2010的字汇	字符串 *（1 000个字符）	"http: //www.cbern.gov.cn/dersen/portal/SearchAction.do? method = catalog&catalog — type = teach"

续表

编号	名称	解释	约束	大小	次序	值空间	数据类型	示例
4.6	持续时间，duration	在指定的速度下连续运行教学资源所需要的时间。注：该元素对音频、视频和动画等教学资源尤为有用	O	1			持续时间	"PT2H15M30S"（2小时15分30秒）"P1Y2M3DT30H"（1年2个月3天4小时）
5	教育，educational	该类别描述了教学资源在教育和教学方面的一些关键特征。注：这些教学信息对那些重视学习质量的人来说是很重要的	M	1				
5.1	交互类型，interactivity type	教学资源与用户之间的交互形式	O	1			词汇表	"主动式"
5.2	教学资源类型，learning object'stype	教学资源的具体类型	M	*50	否		词汇表	"授课PPT"

续表

编号	名称	解释	约束	大小	汉字	值空间	数据类型	示例
5.3	用户类型，user role	该教学资源的主要使用者，最重要的优先列出	O	*5	是		词汇表	"学生"
5.4	语境，context	使用教学资源的主要语境，最典型的优先列出	O	*5	是		词汇表	"高职一年级"
5.5	典型年龄范围，typical age range	典型使用者的年龄范围，最典型的优先列出	O	*5	是		多语言字符串 *（1 000个字符）	"18 –"，"18 – 20"（"zh"，"只适用于成人"）
5.6	难度，difficulty	对于典型的学习用户来说，该教学资源的学习难度	O	1			词汇表	"中等"
5.7	典型学习时间，typical learning time	使用该教学资源一般或大约所需的时间	O	1			持续时间	"PT2H15M30S"（2小时15分30秒）"P1Y2M3DT4H"（1年2个月3天4小时）
5.8	描述，description	对如何使用该教学资源的描述	O	1			多语言字符串 *（1 000个字符）	（"zh"，"for循环讲解演示，可用于课堂教学"）

续表

编号	名称	解释	约束	大小	次序	值空间	数据类型	示例
6	权利，rights	描述了教学资源的知识产权和使用条件等信息	O	1				
6.1	费用，cost	使用该教学资源是否需要付费	O	1			词汇表	"免费"
6.2	版权，copyright	描述该教学资源的版权形式	O	1			词汇表	"有版权"
6.3	限制，restrictions	该教学资源使用的条件和范围	O	1			多语言字符串 *（1 000 个字符）	
7	关联，relation	定义了该教学资源与其他教学资源的关系。如果有多个关联的教学资源需要定义多个实例	O	*100	否			
7.1	关联类型，relationship	该教学资源（A）和被关联教学资源（B）之间的关系性质	M	1			词汇表	"A 是 B 的一部分"
7.2	关联教学资源，resource	描述被关联的教学资源	M	1				

续表

编号	名称	解释	约束	大小	次序	值空间	数据类型	示例
7.2.1	标识符, identifier	被关联教学资源的标识符, 全球唯一	M	*10	否			
7.2.1.1	类别, catalog	"7.2.1.2: 关系.关联教学资源.标识符.表项" 所属标识方案或编目方案的名称或编目方案指示符	M	1		GB 13000—2010 的字汇	字符串*(1 000个字符)	"ISBN" "URI"
7.2.1.2	表项, entry	在标识或编目方案中用于标识被关联教学资源的标识符	M	1		GB 13000—2010 的字汇	字符串*(1 000字符)	"7-309-04547-5" "http://www.ncet.edu.cn/res/04547"
7.2.2	描述, description	对被关联教学资源的描述	O	*10	否		多语言字符串*(1 000个字符)	
8	评价, annotation	对教学资源在教学使用方面的一些评价, 该类别能使教育者共享其对教学资源的评价和使用建议等	O	*30	否			

续表

编号	名称	解释	约束	大小	次序	值空间	数据类型	示例
8.1	评价者，annotator	创建评价的人或组织机构	O	1		vCard，由 IMC vCard 3.0（RFC 2425，RFC2426）定义	字符串 *（1 000 个字符）	"Begin: vCard\\nFN: 王璟\\nTel: 0108530 1816\\nT-itle: 教师\\nEnd: vCard\\n"
8.2	评价内容，description	对教学资源评价的具体内容	M	1			多语言字符串 *（1000 个字符）	
8.3	日期，date	创建评价的日期	O	1			日期时间	"2015－06－16"
9	分类，classification	该类别描述教学资源在职业教育资源分类系统中所属的类别。定义多个分类，需要用到类别的多个实例	M	*40	否			
9.1	分类依据，classifica-tion basis	对教学资源进行分类所依据的专业或职业目录	M	1		见第 12 章		
9.1.1	名称，name	对教学资源进行分类所依据的专业或职业目录的名称	M	1		GB/T 1988—1998，但只包括数字"0"到"9"	词汇表（1位数字）	"高等职业学校专业目录"

续表

编号	名称	解释	约束	大小	次序	值空间	数据类型	示例
9.1.2	出版年份, year of publication	对教学资源进行分类所依据的专业或职业目录的出版年份	O	1		GB/T 1988—1998,但只包括数字"0"到"9"	字符串(4位数字)	"2015"
9.2	分类路径, taxon path	教学资源在职业教育资源分类系统中的分类路径,每深入一个层次就是对上层定义的一次细化。在同一个分类系统中,对同一教学资源所属类别的描述可能存在不同的分类路径	M	*15	否			
9.2.1	专业或职业, profession or occupation	教学资源在专业或者职业目录中所适用的专业或职业	M	*15	否			
9.2.1.1	专业或职业代码, professional or occupational ID	教学资源在专业或者职业目录中所适用的专业或职业代码,如果是专业代码,则在最前方加数字"0",如果教学资源属于"6通用能力培养",则此处代码为7个"0"	M	1		GB/T 1988—1998,但只包括数字"0"到"9"	字符串(7位数字)	"0590108"表示教学资源适用于高等职业学校专业目录中的软件技术专业

续表

编号	名称	解释	约束	大小	次序	值空间	数据类型	示例
9.2.1.2	专业或职业名称, professional or occupational name	教学资源在专业或者职业目录中所适用的专业或职业名称	M	1			多语言字符串 * (100 个字符)	("zh" "软件技术")
9.2.2	课程类别, teaching phases	教学资源所适用的课程类别 (这里的课程是一个广义的概念,包含普通课程、综合实训、实习等)	O	*5	否	GB/T 1988—1998, 但只包括数字 "0" 到 "9"	词汇表 (2位数字)	"普通课程"
9.2.3	课程, teaching units	教学资源所适用的课程	O	*15	否			
9.2.3.1	课程代码, teaching units ID	教学资源所属课程的代码	O	1		GB/T 1988—1998, 但只包括数字 "0" 到 "9"	字符串 (3位数字)	"002"
9.2.3.2	课程名称, teaching units name	教学资源所属课程的名称	M	1			多语言字符串 * (100 个字符)	("zh" "C程序设计")

续表

编号	名称	解释	约束	大小	次序	值空间	数据类型	示例
9.2.4	知识点或技能点，knowledge-points or skill points	教学资源所属的知识点或技能点	O	*15	否			
9.2.4.1	知识点或技能点代码，teaching points ID	教学资源所属知识点或技能点的代码	O	1		GB/T 1988—1998，但只包括数字"0"到"9"	字符串（3位数字）	"005"
9.2.4.2	知识点或技能点名称，teaching points name	教学资源所属知识点或技能点的名称	M	1			多语言字符串 *（100个字符）	（"zh" "for循环"）
9.3	描述，description	描述教学资源与职业教育资源分类系统所表述的"9.1：分类依据"的关系	O	1			多语言字符串 *（2 000个字符）	（"zh"是软件技术专业《C程序设计》课程的必修内容"）

续表

编号	名称	解释	约束	大小	次序	值空间	数据类型	示例
9.4	关键词，keywords	对教学资源与职业教育资源分类系统所表述的"9.1：分类依据"的关系进行描述所使用的关键字或短语。相关度高的关键词优先列出	O	*40	是		多语言字符串*（1 000个字符）	（"zh"、"for循环"、"循环"、"软件开发"）

注1："约束"栏内M表示必备数据元素，O表示可选数据元素。

注2："大小"和"数据类型"栏内有星号标记的为最低峰值。

注3："数据类型"栏内为词汇表的条目，其对应"示例"栏内给出的是该条目在词汇表中的某一取值，不是其对应的符号表示。

第3章 应用

3.1 通用

"通用"是元数据结构中的第一大类，用来对数据资源的整体属性进行描述。它是必备数据元素，也就是说在元数据实例中必须要出现，但是它的值不能重复，"通用"是结构结点，包含了8个子元素，本身不需要定义具体的值，只有最底层的叶子结点，也就是简单数据元素才可以定义自己的值，结构结点的值是其所有子元素值的集合。

表3.1描述了数据元素"通用"的各个属性。

表3.1 通用

元素名称	通用	
XML元素名	＜general＞	
是否必备数据元素	是，实例中必须出现	
是否可重复	否，只能出现一次	
父元素名称	VETLRM（根结点）	
是否结构结点	是，含子元素，本身没有具体值	
子元素名称	标识符	
	标题	
	语言	
	描述	
	关键词	
	覆盖范围	
	结构	
	聚合度	

下面分别介绍"通用"的8个子元素。

3.1.1 标识符

"通用.标识符"是第一大类"通用"中的第一个元素,用来标识教学资源的"身份",类似于公民的"身份证"。教学资源在某一类别中的标识符应该是唯一的,若教学资源属于不同的类别,需要用到标识符的多个实例,所以"通用.标识符"是可以重复的数据元素,而且这些重复值的次序不代表任何意义,其最低峰值是 10,表示应用程序至少需要允许标识符可以取 10 个不同的值。"通用.标识符"是结构结点,有两个子元素,它本身不需要定义具体的值,它的值可以看作其子元素的值的集合。

表 3.2 描述了数据元素"通用.标识符"的各个属性。

表 3.2　通用.标识符

元素名称	通用.标识符
XML.元素名称	＜identifier＞
是否必备数据元素	是,实例中必须出现
是否可重复	是,可以出现多次
重复值是否有序	否
最低峰值	10
父元素名称	通用
是否结构结点	是
子元素名称	类别
	表项

下面分别介绍"通用.标识符"的 2 个子元素。

1. 类别

"通用.标识符.类别"是"通用.标识符"中的第一个子元素,代表标识方案或编目方案的名称或指示符。它与表项是一一对应的关系,也就是说,有一个类别,就必定要有一个表项对应于该类别。"通用.标识符.类别"是叶子结点,这意味着它要有一个具体的值。它是必备数据元素,在一个"通用.标识符"中,其必须出现且仅能出现一次。"通用.

标识符. 类别"的数据类型是一个字符串，最长不超过 1 000 个字符。

表3.3 描述了数据元素"通用. 标识符. 类别"的各个属性，并对其进行了举例说明。

表3.3 通用. 标识符. 类别

元素名称	通用. 标识符. 类别
XML 元素名称	＜catalog＞
是否必备数据元素	是，实例中必须出现
是否可重复	否，只能出现一次
父元素名称	标识符
是否结构结点	否，叶子结点
数据类型	字符串＊（1 000 个字符）
示例	ISBN
	URI
XML 表示示例	＜catalog＞ 　　　ISBN ＜/catalog＞
	＜catalog＞ 　　　URI ＜/catalog＞

2. 表项

"通用. 标识符. 表项"是"通用. 标识符"中的第二个子元素，代表教学资源在某一个标识方案或编目方案中的值；它与类别是一一对应的关系，也就是说，有一个类别，就必定要有一个表项对应于该类别。表项是叶子结点，这意味着它要有一个具体的值。它是必备数据元素，在一个标识符中，其必须出现且仅能出现一次，"通用. 标识符. 表项"的数据类型是一个字符串，最长不超过 1 000 个字符。

表3.4 描述了数据元素"通用. 标识符. 表项"的各个属性，并对其进行了举例说明。

表3.4 通用．标识符．表项

元素名称	通用．标识符．表项
XML 元素名称	＜entry＞
是否必备数据元素	是，实例中必须出现
是否可重复	否，只能出现一次
父元素名称	标识符
是否中间结点	否，叶子结点
数据类型	字符串＊（1 000 个字符）
示例	7－309－04547－5
	http：//www. ncet. edu. cn/res/04547
XML 表示示例	＜entry＞ 7－309－04547－5 ＜/entry＞
	＜entry＞ http://www.ncet.edu.cn/res/04547 ＜/entry＞

"通用．标识符．类别"和"通用．标识符．表项"的父元素——"通用．标识符"的 XML 表示示例 1 如下：

```
＜identifier＞
    ＜catalog＞
        ISBN
    ＜/catalog＞
    ＜entry＞
        7－309－04547－5
    ＜/entry＞
＜/identifier＞
```

"通用．标识符．类别"和"通用．标识符．表项"的父元素——"通用．标识符"的 XML 表示示例 2 如下：

```
＜identifier＞
    ＜catalog＞
```

```
        URI
    </catalog>
    <entry>
        http://www.ncet.edu.cn/res/04547
    </entry>
</identifier>
```

3.1.2 标题

"通用.标题"就是所描述的教学资源的名称。每个教学资源必须且只能有一个标题，所以该元素不能重复。它是"通用"中的第二项，数据类型是多语言字符串，最长不超过 1 000 个字符，如果标题是汉字，则不超过 500 个汉字，它属于叶子结点，是必备数据元素。

表 3.5 描述了数据元素"通用.标题"的各个属性，并对其进行了举例说明。

表 3.5　通用．标题

元素名称	通用．标题
XML 元素名称	<title>
是否必备数据元素	是，实例中必须出现
是否可重复	否
父元素名称	通用
是否结构结点	否，是叶子结点
数据类型	多语言字符串＊（1 000 个字符）
示例	"zh","汇编语言程序设计"
	"en","Assembly Language Programming'

XML 表示示例	`<title>`
	　　`<langstring XML:lang = "zh">`
	　　　　汇编语言程序设计
	　　`</langstring>`
	`</title>`

续表

XML 表示示例	`<title>`
	　　`<langstring XML:lang = "en">`
	　　　　`Assembly Language Programming`
	　　`</langstring>`
	`</title>`

解释：当元素的数据类型是多语言字符串时，它有一个子元素 < lang-string > ，这个子元素有属性 XML：lang，该属性用来定义元素内容的自然语言种类，取值参见 GB/T 4880.1—2005 定义的语言编码。第一个示例中的元素内容用汉语表示，所示其值为"zh"；第二个示例中的元素内容用英语表示，所以其值为"en"。< langstring > 元素在 < title > 元素中必须出现一次或一次以上，但是每一个 < langstring > 元素中的 XML：lang 属性必须互不相同。

3.1.3　语言

这里的"语言"是指同目标用户交流时教学资源主要使用的人类语言。一个教学资源中可能包含多种语言，所以这个值可以重复，它的最低峰值是 10。该元素必须出现一次或一次以上，它的数据类型是字符串，最长不超过 100 个字符，表示形式：

语言编码［－国家编码］

其中，语言编码是对不同语言的编码，是必选项，由 GB/T 4880.1—2005 定义。国家编码是对各个国家和地区的编码（可以出现多次），是可选项，由 GB/T 2659—2000 定义。

表 3.6 描述了数据元素"通用.语言"的各个属性，并对其进行了举例说明。

表 3.6　通用.语言

元素名称	通用.语言
XML 元素名称	< language >
是否必备数据元素	是，实例中必须出现

续表

是否可重复	是
重复值是否有序	否
最低峰值	10
父元素名称	通用
是否结构结点	否，是叶子结点
数据类型	字符串 * （100 个字符）
示例	zh
	en

XML 表示示例	`< language >`
	　　`zh`
	`< / language >`
	
	`< langstring >`
	　　`en`
	`< / langstring >`

3.1.4　描述

这里的"描述"是指对教学资源内容的文本描述。本描述所使用的语言和表述方法不一定要适合教学资源的使用者，但应该适合那些决定教学资源是否适用于学习者的用户，如教学资源的开发者、提供者、汇聚者等。它是必备数据元素，值可以重复，最低峰值是 10，数据类型是多语言字符串，最长不超过 2 000 个字符，若为汉字，则长度不超过 1 000 个汉字，其为叶子结点。

表 3.7 描述了数据元素"通用. 描述"的各个属性，并对其进行了举例说明。

表 3.7　通用. 描述

元素名称	通用. 描述
XML 元素名称	< description >
是否必备数据元素	是，实例中必须出现

续表

是否可重复	是
重复值是否有序	否
最低峰值	10
是否结构结点	否，是叶子结点
数据类型	多语言字符串＊（2 000 个字符）
示例	"zh"，"本书详细地阐述和讨论了8086/8088 汇编语言程序设计的原理、方法和技巧。主要内容包括：8086/8088 的硬件结构与编程环境，8086/8088 的寻址方式和指令系统，汇编语言程序格式，汇编语言程序设计的基本结构，高级汇编语言技术，DOS 中断调用，汇编语言和高级语言的混合编程等。"

XML 表示示例	`<description>`
	`  <langstring XML:lang = "zh">`
	　　本书详细地阐述和讨论了8086/8088 汇编语言程序设计的原理、方法和技巧。主要内容包括：8086/8088 的硬件结构与编程环境,8086/8088 的寻址方式和指令系统,汇编语言程序格式,汇编语言程序设计的基本结构,高级汇编语言技术,DOS 中断调用,汇编语言和高级语言的混合编程等。
	`  </langstring>`
	`</description>`

3.1.5 关键词

这里的"关键词"是指用以描述教学资源内容的关键词，学习者在查询时可以依据关键词来确定是否需要该教学资源。关键词可以有一个或多个，其数据类型是多语言字符串，这意味着它可以以不同的语言列出，最长不超过1 000 个字符（500 个汉字），应用程序至少需要支持10 个关键词。

表3.8 描述了数据元素"通用.关键词"的各个属性，并对其进行了举例说明。

表3.8 通用．关键词

元素名称	通用．关键词
XML元素名称	＜keywords＞
是否必备数据元素	是，实例中必须出现
是否可重复	是
重复值是否有序	否
最低峰值	10
父元素名称	通用
是否结构结点	否，是叶子结点
数据类型	多语言字符串＊（1 000个字符）
示例	"zh""汇编语言" "zh""程序设计"
XML表示示例	＜keywords＞ 　　＜langstring XML:lang = "zh"＞ 　　　　汇编语言 　　＜／langstring＞ ＜／keywords＞
	＜keywords＞ 　　＜langstring XML:lang = "zh"＞ 　　　　程序设计 　　＜／langstring＞ ＜／keywords＞
	＜keywords＞ 　　＜langstring XML:lang = "en"＞ 　　　　Assembly Language 　　＜／langstring＞ ＜／keywords＞
	＜keywords＞ 　　＜langstring XML:lang = "en"＞ 　　　　Programming 　　＜／langstring＞ ＜／keywords＞

3.1.6 覆盖范围

"通用.覆盖范围"是指教学资源所涉及的时间、文化和地理区域等教学资源内容的范围广度，主要包括空间位置、时间段或权限。实现时推荐从受控词汇表中取值，地点名称或时间段尽可能使用数字标识。该元素是可选数据元素，可以重复，最低峰值是10，叶子结点，数据类型为多语言字符串，最长不超过1 000个字符（500个汉字）。

表3.9描述了数据元素"通用.覆盖范围"的各个属性，并对其进行了举例说明。

表3.9 通用.覆盖范围

元素名称	通用.覆盖范围
XML元素名称	＜coverage＞
是否必备数据元素	否
是否可重复	是
重复值是否有序	否
最低峰值	10
父元素名称	通用
是否结构结点	否，是叶子结点
数据类型	多语言字符串 ＊（1 000个字符）
示例	"zh""20世纪50年代之后"
	"en""The middle age"
XML表示示例	＜coverage＞ 　　＜langstring XML:lang＝"zh"＞ 　　　20世纪50年代之后 　　＜/langstring＞ ＜/coverage＞ ＜coverage＞ 　　＜langstring XML:lang＝"en"＞ 　　　The middle age 　　＜/langstring＞ ＜/coverage＞

3.1.7 结构

"通用.结构"是指教学资源的基本组织结构,用以标识教学资源的粒度大小,它是可选数据元素,叶子结点,最多只能有一个取值,其数据类型是词汇表(见表3.10)。

表3.10 "通用.结构"词汇表

数据元素在表2.1中的编号	数据元素名称	取值列表	对应编码
1.7	通用.结构	原子	S01
		线性	S02
		层次	S03
		网状	S04
		集合	S05
		其他	S99

① 原子:粒度不可再分的教学资源。
② 线性:教学资源中各组成元素间是线性有序的。
③ 层次:教学资源中各组成元素间是层次型结构。
④ 网状:教学资源中各组成元素间是网状结构。
⑤ 集合:教学资源中各组成元素之间没有任何关联。
⑥ 其他:不属于上面任何一种情况。

表3.11描述了数据元素"通用.结构"的各个属性,并对其进行了举例说明。

表3.11 通用.结构

元素名称	通用.结构
XML元素名称	< structure >
是否必备数据元素	否
是否可重复	否
父元素名称	通用

续表

是否结构结点	否，是叶子结点
数据类型	词汇表
示例	S01 （注：原子结构）
	S02 （注：线性结构）
XML 表示示例	```<structure ><source ><langstring XML:lang = "x - none" > VETLRM</langstring ></source ><value ><langstring XML:lang = "x - none" >S01 </langstring ></value ></structure >```
	```<structure ><source ><langstring XML:lang = "x - none" > VETLRM</langstring ></source ><value ><langstring XML:lang = "x - none" >S02 </langstring ></value ></structure >```

表 3.11 示例中的 S01 表示教学资源的粒度为原子型，即不可再分。S02 表示教学资源的粒度类型为线性结构。一个词汇类型的 XML 表示由两个元素组成：< source > 描述词汇的来源（如 VETLRM），< value > 描述实际词汇项。

3.1.8 聚合度

"通用.聚合度"是指教学资源的基本组织结构，用以标识教学资源的粒度大小。它是可选数据元素，叶子结点，最多只能有一个取值，其数据类型是词汇表，见表 3.12。

表 3.12 "通用.聚合度"词汇表

数据元素的编号	数据元素名称	取值列表	对应编码
1.8	通用.聚合度	最小程度上的聚合（原始的片段）	A01
		在 A01 基础上的集合	A02
		在 A02 基础上的集合	A03
		最大粒度的聚合	A04
		其他	A99

表 3.13 描述了数据元素"通用.聚合度"的各个属性，并进行了举例说明。

表 3.13 通用.聚合度

元素名称	通用.聚合度
XML 元素名称	< aggregationlevel >
是否必备数据元素	否
是否可重复	否
父元素名称	通用
是否结构结点	否，是叶子结点
数据类型	词汇表
示例	A01　　（注：最小程序上的聚合）
	A99　　（注：其他）

续表

| XML 表示示例 | ```
<aggregationlevel>
  <source>
    <langstring XML:lang = "x-none">VETLRM</langstring>
  </source>
  <value>
    <langstring XML:lang = "x-none">A01</langstring>
  </value>
</aggregationlevel>
``` |
| --- | --- |
| | ```
<aggregationlevel>
  <source>
    <langstring XML:lang = "x-none">VETLRM</langstring>
  </source>
  <value>
    <langstring XML:lang = "x-none">A99</langstring>
  </value>
</aggregationlevel>
``` |

  以上对元数据模型中的第一大类"通用"中的所有数据元素进行了介绍。"通用"本身是结构数据元素，它的取值取决于其所有子元素的取值。下面给出的是一个"通用"的 XML 表示示例，所描述的教学资源是一本名字为《汇编语言程序设计》的教材。

```
<general>
    <identifier>            <!-- 标识符 -->
        <catalog>
            ISBN
        </catalog>
        <entry>
            7-309-04547-5
```

```
        </entry>
    </identifier>
    <title>                    <!--标题-- >
        <langstring XML:lang="zh">
            汇编语言程序设计
        </langstring>
    </title>
    <language>                  <!--语言-- >
        zh
    </language>
    <description>               <!--描述-- >
        <langstring XML:lang="zh">
            本书详细地阐述和讨论了8086/8088汇编语言程序设计
            的原理、方法和技巧。主要内容包括:8086/8088的硬件
            结构与编程环境,8086/8088的寻址方式和指令系统,汇
            编语言程序格式,汇编语言程序设计的基本结构,高级汇编
            语言技术,DOS中断调用,汇编语言和高级语言的混合编
            程等。
        </langstring>
    </description>
    <keywords>                  <!--关键词-- >
        <langstring XML:lang="zh">
            汇编语言
        </langstring>
    </keywords>
    <keywords>
        <langstring XML:lang="zh">
            程序设计
        </langstring>
    </keywords>
    <coverage>                  <!--覆盖范围-- >
        <langstring XML:lang="zh">
            20世纪50年代之后
```

```
        </langstring>
    </coverage>
    <structure>              <!--结构-->
        <source>
            <langstring XML:lang="x-none">VETLRM</lan-
            gstring>
        </source>
        <value>
            <langstring XML:lang="x-none">S02</lan-
            gstring>
        </value>
    </structure>
    <aggregationlevel>        <!--聚合度-->
        <source>
            <langstring XML:lang="x-none">VETLRM</lan-
            gstring>
        </source>
        <value>
            <langstring XML:lang="x-none">A01</lan-
            gstring>
        </value>
    </aggregationlevel>
</general>
```

以上内容表达了这样一些信息：教学资源《汇编语言程序设计》的国际标准书号 ISBN 是：7-309-04547-5，该书用汉语书写，这本书"详细地阐述和讨论了 8086/8088 汇编语言程序设计的原理、方法和技巧。主要内容包括：8086/8088 的硬件结构与编程环境，8086/8088 的寻址方式和指令系统，汇编语言程序格式，汇编语言程序设计的基本结构，高级汇编语言技术，DOS 中断调用，汇编语言和高级语言的混合编程等"。这本书用于检索的关键词有两个："汇编语言"和"程序设计"，覆盖的时间范围为"20 世纪 50 年代之后"，该书中的章节是线性有序的，它是原始的教学资源（不是由其他教学资源组合而来的）。

3.2 生存期

"生存期"是元数据结构中的第二大类，该类别描述了教学资源的历史和当前状态以及那些对教学资源的发展产生作用的人或组织。它记录了教学资源的变化过程，它是必备数据元素，在元数据结构中，有且只能有一个。"生存期"是结构数据元素，有两个子元素。

表 3.14 描述了数据元素"生存期"的各个属性。

表 3.14 生存期

元素名称	生存期
XML 元素名	< lifecycle >
是否必备数据元素	是，实例中必须出现
是否可重复	否，只能出现一次
父元素名称	VETLRM（根结点）
是否结构结点	是，含子元素，本身没有具体值
子元素名称	版本
	贡献

下面分别介绍"生存期"的两个子元素。

3.2.1 版本

"生存期．版本"是"生存期"的第一个元素，用来描述教学资源的版本信息。它是可选数据元素，在其父元素中不出现或者只出现一次。它是叶子结点，其数据类型为多语言字符串，最长不超过 60 个字符（30 个汉字）。

表 3.15 描述了数据元素"生存期．版本"的各个属性，并对其进行了举例说明。

表 3.15 生存期·版本

元素名称	生存期·版本
XML 元素名称	＜version＞
是否必备数据元素	否
是否可重复	否
父元素名称	生存期
是否结构结点	否，是叶子结点
数据类型	多语言字符串＊（60 个字符）
示例	"zh"，"第3版" "en"，"1.2alpha"

XML 表示示例	＜version＞
	    ＜langstring XML:lang="zh"＞
	      第3版
	    ＜/langstring＞
	＜/version＞
	
	＜version＞
	    ＜langstring XML:lang="en"＞
	      1.2alpha
	    ＜/langstring＞
	＜/version＞

3.2.2 贡献

"生存期·贡献"是"生存期"的第二个元素，用来描述在教学资源的生存周期中为其发展做出贡献（如创建、编辑、发行等）的人或者组织，它是必备数据元素，在其父元素中可以出现一次或者一次以上。其最低峰值为 30，是结构结点，有 3 个子元素。

表 3.16 描述了数据元素"生存期·贡献"的各个属性。

表 3.16　生存期.贡献

元素名称	生存期.贡献
XML元素名称	＜contribute＞
是否必备数据元素	是，实例中必须出现
是否可重复	是，可以出现多次
重复值是否有序	否
最低峰值	30
父元素名称	生存期
是否结构结点	是
子元素名称	角色
	贡献者
	日期

下面分别介绍"生存期.贡献"的3个子元素。

1. 角色

"生存期.贡献.角色"是"生存期.贡献"的第一个子元素，用来描述对教学资源做出贡献的类型。它是叶子结点，数据类型为词汇表，必备数据元素，在"生存期.贡献"中必须出现且只能出现一次。

表 3.17 给出的是该元素的词汇表，由 VETLRM 定义。

表 3.17　"生存期.贡献.角色"词汇表

数据元素的编号	数据元素名称	取值列表	对应编码
2.2.1	生存期.贡献.角色	作者	R01
		发行商	R02
		发起人	R03
		定稿人	R04
		编辑	R05
		总审核人	R06
		图形设计	R07

数据元素的编号	数据元素名称	取值列表	对应编码
2.2.1	生存期.贡献.角色	技术实现	R08
		内容提供者	R09
		技术审核人	R10
		教学审核人	R11
		脚本编写者	R12
		教学设计者	R13
		主题事宜专家	R14
		终结者	R15
		其他	R99

表 3.18 描述了数据元素"生存期.贡献.角色"的各个属性，并对其进行了举例说明。

表 3.18 生存期.贡献.角色

元素名称	生存期.贡献.角色
XML元素名称	<role>
是否必备数据元素	是，实例中必须出现
是否可重复	否
父元素名称	贡献
是否结构结点	否，是叶子结点
数据类型	词汇表
示例	R01（注：作者）
	R15（注：终结者）

XML 表示示例	<role > <source > < langstring XML: lang = " x – none " > VETLRM < / langstring > < / source > < value > < langstring XML:lang = "x – none" >R01 < / lang- string > < / value > < / role >
	<role > <source > < langstring XML: lang = " x – none " > VETLRM < / langstring > < / source > < value > < langstring XML:lang = "x – none" >R15 < / lang- string > < / value > < / role >

2. 贡献者

"生存期.贡献.贡献者"是"生存期.贡献"的第二个子元素,是对教学资源做出贡献的人或者组织的标识及相关信息。该元素属于必备数据元素,在"生存期.贡献"中必须出现一次及一次以上,其最低峰值为10。需要注意的是,该元素的值是一个有序列表,也就是说,值的先后次序是有意义的,排在前面的贡献者其贡献要大于排在后面的贡献者。"生存期.贡献.贡献者"的值空间是 vCard,由 IMC vCard 3.0(RFC 2425,RFC2426)定义,数据类型为字符串,最长不超过 1 000 个字符(500 个汉字)

表 3.19 描述了"生存期.贡献.贡献者"的各个属性,并对其进行了举例说明。

表 3.19 生存期. 贡献. 贡献者

元素名称	生存期. 贡献. 贡献者
XML 元素名称	< contributor >
是否必备数据元素	是,实例中必须出现
是否可重复	是
重复值是否有序	是
最低峰值	10
是否结构结点	否,是叶子结点
数据类型	字符串＊（1 000 个字符）
示例	BEGIN：VCARD FN：耿秀华 TEL：010 – 85301816 TITLE：教师 END：VCARD BEGIN：VCARD FN：王树红 TEL：0351 – 4179560 TITLE：教师 END：VCARD
XML 表示示例	< contributor > 　　BEGIN:VCARD 　　FN:耿秀华 　　TEL:010 – 85301816 　　TITLE:教师 　　END:VCARD < / contributor >

续表

XML 表示示例	< contributor >
	    EGIN:VCARD
	    FN:王树红
	    TEL:0351－4179560
	    TITLE:教师
	    END:VCARD
	</ contributor >

3. 日期

"生存期．贡献．日期"是"生存期．贡献"的第三个子元素，是对教学资源做出贡献的日期，属于可选数据元素。它在"生存期．贡献"中可以出现一次或者不出现，"贡献者"的数据类型是日期时间。

表 3.20 定义了日期时间结构。

表 3.20　日期时间

编号	名称	解释	约束	大小	次序	值空间	数据类型	示例
1	日期时间，date time	精度至少能达到1秒的时间点	O		1	格式：YYYY［－MM［－DD［Thh［：mm［：ss［.s［TZD］］］］］］］ 其中： －－YYYY 用 4 位数表示年 －－MM 用 2 位数表示月 －－DD 用 2 位数表示日 －－hh 用 2 位数表示小时 －－mm 用 2 位数表示分 －－ss 用 2 位数表示秒 －－.s 用 1 位或多位数表示 1 秒的十进制小数 －－TZD 时区指示符（"Z"表示 UTC 或＋hh：mm 或－hh：mm）	字符串＊（200个字符）	"2015－06－18" "2005－09－10T09：30：30"

续表

编号	名称	解释	约束	大小	次序	值空间	数据类型	示例
2	描述，description	对日期的描述	O	1			多语言字符串 *（1000个字符串）	（"zh""20世纪60年代后期"）

注："约束"栏内 M 表示必备数据元素、O 表示可选数据元素

表 3.21 描述了"生存期.贡献.日期"的各个属性，并对其进行了举例说明。

表 3.21 生存期.贡献.日期

元素名称	生存期.贡献.日期
XML 元素名称	< date >
是否必备数据元素	否
是否可重复	否
父元素名称	贡献
是否结构结点	否，是叶子结点
数据类型	日期时间
示例	"2014 – 12"
	"2005 – 09 – 10T09：30：30"
XML 表示示例	``` < date > 2014 – 12 </ date > ```
	``` < date > 2005 – 09 – 10T09:30:30 </ date > ```

"生存期.贡献.日期"的父元素——"生存期.贡献"XML 表示示例如下：

```
< contribute >
    < role >                              <!--角色:作者 -->
        R01
    < / role >
    < contributor >                       <!-- 两个作者:耿秀华、王树红 -->
        BEGIN:VCARD
        FN:耿秀华
        TEL: 010 - 85301816
        TITLE:教师
        END:VCARD
    < / contributor >
    < contributor >
        BEGIN:VCARD
        FN:王树红
        TEL: 0351 - 4179560
        TITLE:教师
        END:VCARD
    < / contributor >
    < date >                              <!-- 日期:2014 年 12 月 -->
        2014 - 12
    < / date >
< / contribute >
```

上述示例表达的意思为：该教学资源有两个作者：耿秀华和王树红；日期（教材的出版日期）是 2014 年 12 月。如果再将版本考虑进去，那么一个完整的"生存期"XML 实例如下：

```
< lifecycle >
    < version >                           <!-- 版本:第 3 版 -->
        < langstring XML:lang = "zh" >
            第 3 版
        < / langstring >
    < / version >
    < contribute >
```

```
<role>                    <!--角色:作者-->
    R01
</role>
<contributor>             <!--两个作者:耿秀华、王树红-->
    BEGIN:VCARD
    FN:耿秀华
    TEL: 010-85301816
    TITLE:教师
    END:VCARD
</contributor>
<contributor>
    BEGIN:VCARD
    FN:王树红
    TEL: 0351-4179560
    TITLE:教师
    END:VCARD
</contributor>
<date>                    <!--日期:2014年12月-->
    2014-12
</date>
    </contribute>
</lifecycle>
```

3.3 元—元数据

该类别描述了元数据实例自身（而不是元数据所描述的教学资源）的一些信息。元数据实例是关于教学资源的元数据，我们可以将元数据实例本身也看作一种资源，"元—元数据"就是关于元数据实例的元数据。它是必备数据元素，在根结点 VETLRM 中必须出现且只能出现一次。它是结构结点，包含 4 个子元素。

表 3.22 描述了数据元素"元—元数据"的各个属性。

表 3.22　元—元数据

元素名称	元—元数据
XML 元素名称	＜metametadata＞
是否必备数据元素	是，实例中必须出现
是否可重复	否，只能出现一次
父元素名称	VETLRM（根结点）
是否结构结点	是，含子元素，本身没有具体值
子元素名称	标识符
	贡献
	元数据方案
	语言

下面分别介绍"元—元数据"的 4 个子元素。

3.3.1　标识符

"元—元数据. 标识符"是元数据记录的标号，该标号全球唯一。它是可选数据元素，可以重复，最低峰值为 10，其是结构结点，有 2 个子元素。

表 3.23 描述了数据元素"元—元数据. 标识符"的各个属性。

表 3.23　元—元数据. 标识符

元素名称	元—元数据. 标识符
XML 元素名称	＜identifier＞
是否必备数据元素	否
是否可重复	是，可以重复
重复值是否有序	否
最低峰值	10
父元素名称	元—元数据
是否结构结点	是，含子元素，本身没有具体值
子元素名称	类别
	表项

下面分别介绍"元—元数据．标识符"的两个子元素。

1. 类别

它是指"元—元数据．标识符．类别"所属标识方案或编目方案的名称或指示符，在"元—元数据．标识符"中它是必备数据元素，出现且仅出现一次。它是叶子结点，数据类型为字符串，最长不超过 1 000 个字符。

表 3.24 描述了"元—元数据．标识符．类别"的各个属性，并对其进行了举例说明。

表 3.24 元—元数据．标识符．类别

元素名称	元—元数据．标识符．类别
XML 元素名称	＜ catalog ＞
是否必备数据元素	是，在其父元素中必须出现
是否可重复	否
父元素名称	标识符
是否结构结点	否，是叶子结点
数据类型	字符串＊（1 000 个字符）
示例	URI
XML 表示示例	＜ catalog ＞ 　　URI ＜／catalog ＞

2. 表项

它是指在"元—元数据．标识符．表项"中记录项的实际值。在"元—元数据．标识符"中它是必填项，出现且仅出现一次，为叶子结点，数据类型为多语言字符串，最长不超过 1 000 个字符。

表 3.25 描述了"元—元数据．标识符．表项"的各个属性，并对其进行了举例说明。

表 3.25　元—元数据．标识符．表项

元素名称	元—元数据．标识符．表项
XML 元素名称	＜entry＞
是否必备数据元素	是，在其父元素中必须出现
是否可重复	否
父元素名称	标识符
是否结构结点	否，是叶子结点
数据类型	多语言字符串
示例	"en" "http：//mh. bitc. edu. cn/index. portal/123. jsp"
XML 表示示例	＜entry＞ 　　＜langstring XML:lang = "en"＞ 　　　　http:/mh.bitc.edu.cn/index.portal/123.jsp 　　＜/langstring＞ ＜/entry＞

数据元素"元—元数据．标识符．类别"和"元—元数据．标识符．表项"的父元素"元—元数据．标识符"的 XML 示例如下：

```
＜identifier＞
    ＜catalog＞
        URI
    ＜/catalog＞
    ＜entry＞
        ＜langstring XML:lang = "en"＞
            http:/mh.bitc.edu.cn/index.portal/123.jsp
        ＜/langstring＞
    ＜/entry＞
＜/identifier＞
```

3.3.2　贡献

"元—元数据．贡献"是指对元数据实例做出贡献的人或者组织，它是可选数据元素，可以重复，最低峰值为 5，为结构结点，有 3 个子元素。

表 3.26 描述了数据元素"元—元数据．贡献"的各个属性。

表 3.26 元—元数据．贡献

元素名称	元—元数据．贡献
XML 元素名称	＜contribute＞
是否必备数据元素	否
是否可重复	是
重复值是否有序	否
最低峰值	5
父元素名称	元—元数据
是否结构结点	是，含子元素，本身没有具体值
子元素名称	角色
	贡献者
	日期

下面分别介绍"元—元数据．贡献"的 3 个子元素。

1. 角色

"元—元数据．贡献．角色"是"元—元数据．贡献"的第一个子元素，用来描述对元数据实例做出贡献的类型。它是叶子结点，数据类型为词汇表，其父元素"元—元数据．贡献"本身不是必备数据元素，但是一旦在元数据实例中出现，那么其中的"元—元数据．贡献．角色"必须出现一次且只能出现一次。

表 3.27 给出的是该元素的词汇表，由 VETLRM 定义。

表 3.27 "元—元数据．贡献．角色"词汇表

数据元素的编号	数据元素名称	取值列表	对应编码
3.2.1	元—元数据．贡献．角色	创建者	M01
		审核者	M02
		其他	M99

表 3.28 描述了数据元素"元—元数据．贡献．角色"的各个属性，并对其进行了举例说明。需要注意的是，"元—元数据．贡献．角色"只

允许出现一个创建者的实例。

表 3.28　元—元数据.贡献.角色

元素名称	元—元数据.贡献.角色
XML元素名称	＜role＞
是否必备数据元素	是，在其父元素中必须出现
是否可重复	否
父元素名称	贡献
是否结构结点	否，是叶子结点
数据类型	词汇表
示例	**M01**　（注：创建者）
	M02　（注：审核者）
XML 表示示例	＜role＞ 　　＜source＞ 　　　　＜langstring XML:lang = "x - ncne" ＞ VETLRM 　　　　＜/langstring ＞ 　　＜/source ＞ 　　＜value ＞ 　　　　＜langstring XML:lang = "x - none" ＞M01 ＜/lang- 　　　　string ＞ 　　＜/value ＞ ＜/role ＞
	＜role ＞ 　　＜source ＞ 　　　　＜langstring XML:lang = "x - none" ＞ VETLRM 　　　　＜/langstring ＞ 　　＜/source ＞ 　　＜value ＞ 　　　　＜langstring XML:lang = "x - none" ＞M02 ＜/lang- 　　　　string ＞ 　　＜/value ＞ ＜/role ＞

2. 贡献者

"元—元数据．贡献．贡献者"是"元—元数据．贡献"的第二个子元素，是对元数据实例做出贡献的人或者组织的标识及相关信息，其父元素"元—元数据．贡献"本身不是必备数据元素，但是一旦在元数据实例中出现，那么其中的"元—元数据．贡献．贡献者"必须出现一次或者一次以上。该元素的最低峰值为 10。需要注意的是，该元素的值是一个有序列表，也就是说，值的先后次序是有意义的，排在前面的贡献者其贡献要大于排在后面的贡献者。"元—元数据．贡献．贡献者"的值空间是 vCard，由 IMC vCard 3.0（RFC 2425，RFC2426）定义。数据类型为字符串，最长不超过 1 000 个字符（500 个汉字）。

表 3.29 描述了"元—元数据．贡献．贡献者"的各个属性，并对其进行了举例说明。

表 3.29 元—元数据．贡献．贡献者

元素名称	元—元数据．贡献．贡献者
XML 元素名称	＜contributor＞
是否必备数据元素	是，在其父元素中必须出现
是否可重复	是
重复值是否有序	是
最低峰值	10
是否结构结点	否，是叶子结点
数据类型	字符串＊（1 000 个字符）
示例	BEGIN：VCARD FN：耿秀华 TEL：010 – 85301816 TITLE：教师 END：VCARD BEGIN：VCARD FN：王树红 TEL：0351 – 4179560 TITLE：教师 END：VCARD

续表

XML 表示示例	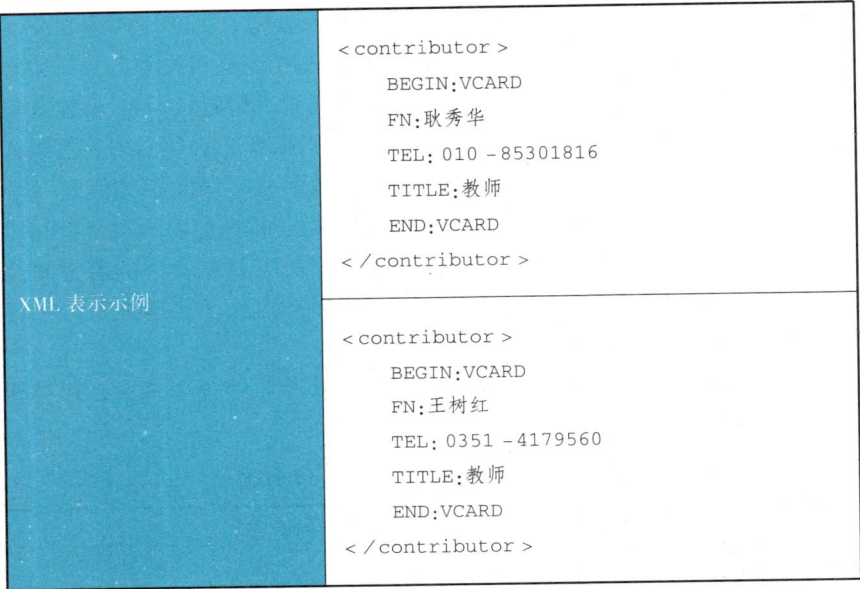

3. 日期

"元—元数据. 贡献. 日期"是"元—元数据. 贡献"的第三个子元素，是对元数据实例做出贡献的日期。该元素属于可选数据元素，在"元—元数据. 贡献"中可以出现一次或者不出现。"元—元数据. 贡献. 日期"的数据类型是日期时间。

表 3.20 定义了日期时间结构，其结构与"生存期. 贡献. 日期"相同。

表 3.30 描述了"元—元数据. 贡献. 日期"的各个属性，并对其进行了举例说明。

表 3.30 元—元数据. 贡献. 日期

元素名称	元—元数据. 贡献. 日期
XML 元素名称	< date >
是否必备数据元素	否
是否可重复	否

续表

父元素名称	贡献
是否结构结点	否，是叶子结点
数据类型	日期时间
示例	"2005－09－10T09：30：30"
	"zh""清朝初期"
XML 表示示例	```<date>
<datetime>
2005－09－10T09:30:30
</datetime>
</date>``` ```<date>
<description>
<langstring XML:lang = "zh" >
清朝初期
</langstring>
</description>
</date>```

"元—元数据．贡献．角色""元—元数据．贡献．贡献者"和"元—元数据．贡献．日期"的父元素——"元—元数据．贡献"的 XML 表示示例如下：

```
<contribute>
    <role>                  <!-- 角色:创建者 -->
        M01
    </role>
    <contributor>           <!-- 贡献者:耿秀华 -->
        BEGIN:VCARD
        FN:耿秀华
        TEL: 010 –85301816
        TITLE:教师
```

```
        END:VCARD
    </contributor>
    <date>                    <!-- 做出贡献的时间:2014 年 12 月 -->
        2014 -12
    </date>
</contribute>
<contribute>                  <!-- 角色:审核者 -->
    <role>
        M02
    </role>
    <contributor>             <!-- 贡献者:王树红 -->
        BEGIN:VCARD
        FN:王树红
        TEL:0351 -4179560
        TITLE:教师
        END:VCARD
    </contributor>
    <date>                    <!-- 做出贡献的时间:2015 年 01 月 -->
        <datetime>
            2015 -01
        </datetime>
    </date>
</contribute>
```

上述 XML 实例描述的是元数据实例的创建者是耿秀华，创建于 2014 年 12 月，审核者是王树红，于 2015 年 1 月份进行了审核。

3.3.3　元数据方案

"元—元数据. 元数据方案"是指用于创建元数据实例的规范名称和版本，该规范需经过认证。如果提供多个值，那么元数据实例应该遵循多个元数据方案。"元—元数据. 元数据方案"是必备数据元素，可以重复，最低峰值为10，是叶子结点，数据类型为字符串，最长不超过 100 个字符。

表 3.31 描述了数据元素"元—元数据．元数据方案"的各个属性。

表 3.31　元—元数据．元数据方案

元素名称	元—元数据．元数据方案
XML 元素名称	＜metadatascheme＞
是否必备数据元素	是，实例中必须出现
是否可重复	是
重复值是否有序	否
最低峰值	10
父元素名称	元—元数据
是否结构结点	否，是叶子结点
数据类型	字符串＊（100 个字符）
示例	VETLRM
	LOM
XML 表示示例	＜metadatascheme＞ 　　VETLRM ＜／metadatascheme＞
	＜metadatascheme＞ 　　LOM ＜／metadatascheme＞

3.3.4　语言

"元—元数据．语言"是指元数据实例所使用的语言。它是必备数据元素，不可以重复，在其父元素中出现且仅能出现一次。它是叶子结点，数据类型为字符串，最长不超过 100 个字符，表示形式为：

语言编码［−国家编码］

其中语言编码是对不同语言的编码，为必选项，由 GB/T 4880.1—2005 定义。国家编码是对各个国家和地区的编码（可以出现多次），为可选项，由 GB/T 2659—2000 定义。

表 3.32 描述了数据元素"元—元数据．语言"的各个属性。

表 3.32　元—元数据.语言

元素名称	元—元数据.语言
XML 元素名称	< language >
是否必备数据元素	是，实例中必须出现
是否可重复	否
父元素名称	元—元数据
是否结构结点	否，是叶子结点
数据类型	字符串＊（100 个字符）
示例	zh
	fr – CA

XML 表示示例	`< language >`
	　　zh
	`< / language >`

	`< language >`
	　　fr – CA
	`< / language >`

以上对元数据模型中的第三大类"元—元数据"中的所有数据元素进行了介绍。"元—元数据"本身是结构数据元素，它的取值取决于其所有子元素的取值，下面给出的是一个"元—元数据"的 XML 表示示例，所描述的教学资源是一本名为《汇编语言程序设计》的教材。

```
< metametedata >
    < identifier >              <!-- 标识符 -- >
        < catalog >
            URI
        < / catalog >
        < entry >
            < langstring XML:lang = "en" >
                http://mh. bitc. edu. cn/index. portal/
                123.jsp
            < / langstring >
```

```
        </entry>
</identifier>
<contribute>                          <!--贡献者-->
    <role>                            <!--角色:创建者-->
        M01
    </role>
    <contributor>                     <!--贡献者:耿秀华-->
        BEGIN:VCARD
        FN:耿秀华
        TEL: 010 -85301816
        TITLE:教师
        END:VCARD
    </contributor>
    <date>                            <!--日期:2014年12月-->
        <datetime>
            2014 -12
        </datetime>
    </date>
</contribute>
<contribute>                          <!--贡献者-->
    <role>                            <!--角色:审核者-->
        M02
    </role>
    <contributor>                     <!--贡献者:王树红-->
        BEGIN:VCARD
        FN:王树红
        TEL: 0351 -4179560
        TITLE:教师
        END:VCARD
    </contributor>
    <date>                            <!--日期:2015年1月-->
        <datetime>
            2015 -01
```

```
        </datetime>
      </date>
    </contribute>
    <metadatascheme>            <!--元数据方案:VETLRM -->
      VETLRM
    </metadatascheme>
    <language>                  <!--元数据语言:汉语 -->
      zh
    </language>
  </metametedata>
```

以上内容表达了这样一些信息：教学资源《汇编语言程序设计》的元数据实例的网址是 http：//mh. bitc. edu. cn/index. portal/123. jsp，它由耿秀华在 2014 年 12 月创建，2015 年 1 月王树红进行了审核，元数据方案采用了 VETLRM，即《职业教育教学资源元数据》，用汉语书写。

3.4 技术

"技术"是元数据结构中的第四大类，用来描述数据资源的技术要求及其相关特性。该元素属于必备数据元素，也就是说在元数据实例中必须要出现，但是它的值不能重复。"技术"元素只能出现一次，为结构结点，包含了 6 个子元素。

表 3.33 描述了数据元素"技术"的各个属性。

表 3.33 技术

元素名称	技术
XML 元素名	<technical>
是否必备数据元素	是，实例中必须出现
是否可重复	否，只能出现一次
父元素名称	VETLRM（根结点）
是否结构结点	是，含子元素，本身没有具体值

子元素名称	格式
	平台要求
	安装说明
	大小
	位置
	持续时间

下面分别介绍"技术"中的 6 个子元素。

3.4.1 格式

"技术.格式"是指教学资源在技术上的数据类型（如 DOC 文档）。该元素用于确定教学资源所需的运行软件，比如打开一个 DOC 文档和一个 PDF 文件时所需的应用软件是不同的，建议采用来自于受控词表中的值。它属于必备数据元素，可以重复，最低峰值 40，为叶子结点，数据类型为词汇表。

表 3.34 是数据元素"技术.格式"的词汇表。

表3.34 "技术.格式"词汇表

数据元素的编号	数据元素名称	取值列表	对应编码
4.1	技术.格式	TXT	F001
		RTF（Rich Text Format）	F002
		DOC	F003
		ODF（Open Document Format）	F004
		UOF（Unified Office Document Format）	F005
		PDF	F006
		UMD（Universal Mobile Document）	F007
		HTML	F008
		XML	F009
		XPS（XML Paper Specification）	F010

数据元素的编号	数据元素名称	取值列表	对应编码
4.1	技术．格式	PPT	F011
		WPS	F012
		EIO	F013
		XLS	F014
		CLL	F015
		Postscript	F016
		WordPerfect	F017
		DOCX	F018
		XLSX	F019
		EPub（Electronic Publication）	F020
		CAJ	F021
		其他文本格式	F099
		WAV	F101
		MP3	F102
		RA（RealAudio）	F103
		MIDI	F104
		WMA	F105
		WAM	F106
		OGG（Ogg Vorbis）	F107
		AIFF（AudioInterchange File Format）	F108
		FLAC（Free lossless Audio C）	F109
		SND（Sound）	F110
		VOC（Voice）	F111
		MOD（Module）	F112
		S3M（Scream tracker Modules）	F113
		XM（Xpress Music）	F114
		MTM	F115

续表

数据元素的编号	数据元素名称	取值列表	对应编码
4.1	技术.格式	FAR	F116
		KAR	F117
		CD	F118
		VQF	F119
		ASF（Advanced Streaming Format）	F120
		RM（Real Midia）	F121
		APE	F122
		AVS	F123
		MP4	F124
		其他音频格式	F199
		MPEG	F201
		AVI	F202
		RV（Real Video）	F203
		RM（Real Media）	F204
		RMVB（Real Media Variable Bitrate）	F205
		WMV（Windows Media Video）	F206
		ASF（Advanced Systems Format）	F207
		MOV	F208
		DIV	F209
		DIVX	F210
		FLV	F211
		DVD	F212
		VCD	F213
		3GP	F214
		DAT	F215
		RA（RealAudio）	F216
		RAM	F217

数据元素的编号	数据元素名称	取值列表	对应编码
4.1	技术 . 格式	MP4	F218
		其他视频格式	F299
		JPEG	F301
		GIF	F302
		BMP	F303
		TIFF	F304
		PNG	F305
		WMF	F306
		PSD	F307
		PCD	F308
		PCX	F309
		EPS	F310
		CGM	F311
		EXIF	F312
		TGA	F313
		FPX	F314
		SVG	F315
		CDR	F316
		DXF	F317
		EPG	F318
		其他图形/图像格式	F399
		SWF	F401
		GIF	F402
		MKV	F403
		HTML 5 + javascript	F404
		其他动画格式	F499
		虚拟仿真	F501

表 3.35 描述了数据元素"技术.格式"的各个属性。

表 3.35 技术.格式

元素名称	技术.格式
XML 元素名称	< format >
是否必备数据元素	是，实例中必须出现
是否可重复	是
重复值是否有序	否
最低峰值	40
父元素名称	技术
是否结构结点	否，是叶子结点
数据类型	词汇表
示例	F003 （注：DOC）
	F006 （注：PDF）
XML 表示示例	< format > 　　< source > 　　　　< langstring XML: lang = " x - none " > VETLRM 　　　　< / langstring > 　　< / source > 　　< value > 　　　　< langstring XML:lang = "x - none" > F003 < / langstring > 　　< / value > < / format >
	< format > 　　< source > 　　　　< langstring XML: lang = " x - none " > VETLRM 　　　　< / langstring > 　　< / source > 　　< value > 　　　　< langstring XML:lang = "x - none" > F006 < / langstring > 　　< / value > < / format >

3.4.2 平台要求

"技术.平台要求"描述了使用教学资源所需要的技术要求，如所需的浏览器、操作系统等的要求。如果有多个要求，那么所有要求都应得到满足。它是可选项，这意味着如果教学资源没有特殊的技术要求，在元数据中这一项可以空缺。"技术.平台要求"允许重复，最低峰值40，为结构结点，有4个子元素。

表3.36描述了数据元素"技术.平台要求"的各个属性。

表3.36 技术.平台要求

元素名称	技术.平台要求
XML 元素名称	< platformrequirements >
是否必备数据元素	否
是否可重复	是，可以重复
重复值是否有序	否
最低峰值	40
父元素名称	技术
是否结构结点	是，含子元素，本身没有具体值
子元素名称	类型
	名称
	最低版本（或型号）
	最高版本（或型号）

下面分别介绍"技术.平台要求"的4个子元素。

1. 类型

"技术.平台要求.类型"是"技术.平台要求"的第一个子元素，表示使用教学资源所需要的技术条件，如硬件、软件、网络等。它是"技术.平台要求"中的必备数据元素，"技术.平台要求"本身不是必备数据元素，但是一旦在元数据实例中出现，那么其中的"技术.平台要求.

类型"必须出现一次且只能出现一次。它是叶子结点，数据类型为词汇表。

表 3.37 给出的是该元素的词汇表，由 VETLRM 定义。

表 3.37 "技术·平台要求·类型"词汇表

数据元素的编号	数据元素名称	取值列表	对应编码
4.2.1	技术·平台要求·类型	操作系统	T01
		浏览器	T02
		应用软件	T03
		硬件	T04
		网络	T05
		其他	T99

表 3.38 描述了数据元素"技术·平台要求·类型"的各个属性并对其进行了举例说明。

表 3.38 技术·平台要求·类型

元素名称	技术·平台要求·类型
XML 元素名称	＜type＞
是否必备数据元素	是，在其父元素中必须出现
是否可重复	否
父元素名称	平台要求
是否结构结点	否，是叶子结点
数据类型	词汇表
示例	T01 （注：操作系统）
	T03 （注：应用软件）

XML 表示示例	
	``<type>
<source>
<langstring XML:lang = "x - none" > VETLRM
</langstring>
</source>
<value>
<langstring XML:lang = "x - none" >T01 </langstring >
</value>
</type>```
	``<type>
<source>
<langstring XML:lang = "x - none" > VETLRM
</langstring>
</source>
<value>
<langstring XML:lang = "x - none" >T03 </langstring >
</value>
</type>```

2. 名称

"技术.平台要求.名称"是"技术.平台要求"的第二个子元素，表示使用该教学资源所需的技术的名称。它是"技术.平台要求"中的必备数据元素，"技术.平台要求"本身不是必备数据元素，但是一旦在元数据实例中出现，那么其中的"技术.平台要求.名称"必须出现一次且只能出现一次。如果"技术.平台要求.类型"为操作系统或者浏览器，则其数据类型为词汇表，否则为多语言字符串，且最长不超过1 000个字符（500个汉字）。

表3.39给出的是该元素的词汇表，由VETLRM定义。

表 3.39 "技术.平台要求.名称"词汇表

数据元素的编号	数据元素名称	取值列表	对应编码
4.2.2	技术.平台要求.名称	DOS	O01
		Windows	O02
		MacOS	O03
		Unix	O05
		Multi – OS	O06
		Linux	O07
		OS/2	O08
		Netware	O09
		Solaris	O10
		Android	O11
		Windows Mobile	O12
		iOS	O13
		BlackBerry	O14
		Symbian OS	O15
		Palm OS	O16
		其他操作系统	O99
		Netscape	B01
		Communicator	B02
		Microsoft Internet Explorer	B03
		Safari	B04
		Opera	B05
		Amaya	B06
		Chrome	B07
		Firefox	B08
		Edge	B09
		Android Browser	B10
		Proprietary or Undetectable	B11
		360 浏览器	B12
		UC 浏览器	B13

数据元素的编号	数据元素名称	取值列表	对应编码
4.2.2	技术.平台要求.名称	百度浏览器	B14
		QQ 浏览器	B15
		搜狐浏览器	B16
		2345 浏览器	B17
		猎豹浏览器	B18
		其他浏览器	B99

表 3.40 描述了"技术.平台要求.名称"的各个属性,并对其进行了举例说明。

表 3.40　技术.平台要求.名称

元素名称	技术.平台要求.名称
XML 元素名称	＜name＞
是否必备数据元素	是,在其父元素中必须出现
是否可重复	否
是否结构结点	否,是叶子结点
数据类型	多语言字符串 * (1000 个字符)
示例	OO2　(注:Windows 浏览器)
	"zh""暴风影音"
XML 表示示例	＜name＞ 　　＜source＞ 　　　　＜langstring XML:lang = "x - none"＞VETLRM 　　　　＜/langstring＞ 　　＜/source＞ 　　＜value＞ 　　　　＜langstring XML:lang = "x -none"＞OO2＜/lang- 　　　　string＞ 　　＜/value＞ ＜/name＞

续表

XML 表示示例	`< name >`
	　　`< langstring XML:lang = "zh" >`
	　　　暴风影音
	　　`< /langstring >`
	`< /name >`

3. 最低版本（或型号）

"技术．平台要求．最低版本（或型号）"是"技术．平台要求"的第三个子元素，表示使用该教学资源所需技术的最低版本（或型号）。它是"技术．平台要求"中的可选数据元素，在"技术．平台要求"中不出现或者只出现一次，数据类型为字符串，最长不超过 100 个字符。

表 3.41 描述了"技术．平台要求．最低版本（或型号）"的各个属性，并对其进行了举例说明。

表 3.41　技术．平台要求．最低版本（或型号）

元素名称	技术．平台要求．最低版本（或型号）
XML 元素名称	`< minimumversion >`
是否必备数据元素	否
是否可重复	否
是否结构结点	否，是叶子结点
数据类型	字符串 ＊（100 个字符）
示例	7
	3.11.01.27

XML 表示示例	`< minimumversion >`
	　　`7`
	`< /minimumversion >`

	`< minimumversion >`
	　　`3.11.01.27`
	`< /minimumversion >`

4. 最高版本（或型号）

"技术．平台要求．最高版本（或型号）"是"技术．平台要求"的第四个子元素，表示使用该教学资源所需技术的最高版本（或型号）。它是"技术．平台要求"中的可选数据元素，在"技术．平台要求"中不出现或者只出现一次，数据类型为字符串，最长不超过100个字符。

表3.42描述了"技术．平台要求．最高版本（或型号）"的各个属性，并对其进行了举例说明。

表3.42　技术．平台要求．最高版本（或型号）

元素名称	技术．平台要求．最高版本（或型号）
XML元素名称	＜maximumversion＞
是否必备数据元素	否
是否可重复	否
是否结构结点	否，是叶子结点
数据类型	字符串＊（100个字符）
示例	10
	5.22.0315.1111
XML表示示例	＜maximumversion＞ 　　10 ＜/maximumversion＞
	＜maximumversion＞ 　　5.22.0315.1111 ＜/maximumversion＞

"技术．平台要求．类型""技术．平台要求．名称""技术．平台要求．最低版本（或型号）"和"技术．平台要求．最高版本（或型号）"的父元素"技术．平台要求"的XML示例如下：

```
＜platformrequirements＞
    ＜type＞              <!--类型 -->
        ＜source＞        <!--词汇来源:VETLRM -- >
```

```xml
            < langstring XML:lang = "x - none" >VETLRM < / lan-
        gstring >
    < / source >
    < value >                    <!-- 软件类型:操作系统 -- >
        < langstring XML:lang = "x - none" >T01 < / lang-
        string >
    < / value >
</ type >
< name >                        <!-- 所需的操作系统:Windows -- >
    < source >
        < langstring XML:lang = "x - none" >VETLRM < / lan-
        gstring >
    < / source >
    < value >
        < langstring XML:lang = "x - none" > O02 < / lang-
        string >
    < / value >
</ name >
<minimumversion >                <!-- Windows 的最低版本号:7 -- >
    7
< / minimumversion >
<maximumversion >                <!-- Windows 的最高版本号:10 -- >
    10
< / maximumversion >
</ platformrequirements >
< platformrequirements >
    < type >                    <!-- 词汇来源:VETLRM -- >
        < source >
            < langstring XML:lang = "x - none" >VETLRM < / lan-
            gstring >
    < / source >
    < value >                   <!-- 软件类型:应用软件 -- >
            < langstring XML:lang = "x - none" >T03 < / lang-
```

```
                string >
          < / value >
    < / type >
    < name >                       <! -- 所需的应用软件 : 暴风影音 -- >
        < langstring XML : lang = "zh" >
            暴风影音
        < / langstring >
    < / name >
    < minimumversion >             <! -- 暴风影音最低版本号 : 3.11.01.
                                   27 -- >
        3.11.01.27
    < / minimumversion >
    < maximumversion >             <! -- 暴风影音最高版本号 : 5.22.
                                   0315.1111 -- >
        5.22.0315.1111
    < / maximumversion >
< / platformrequirements >
```

上述元数据实例描述的信息是：教学资源对平台有两个要求，其一要求操作系统是 Windows，最低版本为 Windows 7，最高版本为 Windows 10；其二要求使用的应用软件为暴风影音，最低版本是 3.11.01.27，最高版本为 5.22.0315.1111。

3.4.3 安装说明

"技术. 安装说明"用于描述如何安装使用该教学资源。它是可选数据元素，在其父元素"技术"中不出现或者只出现一次，属于叶子结点，其数据类型为多语言字符串，且最长不超过 2 000 个字符（1 000 个汉字）。

表 3.43 描述了数据元素"技术. 安装说明"的各个属性。

表 3.43 技术. 安装说明

元素名称	技术. 安装说明
XML 元素名称	< installationinstructions >
是否必备数据元素	否
是否可重复	否
父元素名称	技术
是否结构结点	否，是叶子结点
数据类型	多语言字符串 ＊ （2 000 个字符）
示例	”zh””使用本教材需首先下载 CAJViewer 阅读器”
	”zh””使用本素材需首先下载 Unity3D 软件，之后导入本素材，导入方法是……”
XML 表示示例	< installationinstructions > < langstring XML:lang = "zh" > 使用本教材需首先下载 CAJViewer 阅读器 < / langstring > < / installationinstructions >
	< installationinstructions > < langstring XML:lang = "zh" > 使用本素材需首先下载 Unity3D 软件,之后导入本素材,导入方法是…… < / langstring > < / installationinstructions >

3.4.4 大小

"技术. 大小"是指数字化教学资源的大小，用十进制数字"0"到"9"表示，单位是字节（每字节 8 位）。该元素表明了教学资源的实际大小，如果教学资源经过压缩，则该元素的值是未压缩时的大小。该数据元素属于可选数据元素，在其父元素"技术"中不出现或者只出现一次，是叶子结点，数据类型为字符串，最长不超过 100 个字符。

表 3.44 描述了数据元素"技术．大小"的各个属性。

表 3.44　技术．大小

元素名称	技术．大小
XML 元素名称	＜size＞
是否必备数据元素	否
是否可重复	否
父元素名称	技术
是否结构结点	否，是叶子结点
数据类型	字符串＊（100 个字符）
示例	100800
	3603
XML 表示示例	＜size＞ 　　100800 ＜/size＞
	＜size＞ 　　3603 ＜/size＞

3.4.5　位置

"技术．位置"用于表明如何获取教学资源的字符串，它可能是一个位置（如 URL），或解析出位置的一种方法（如 URI）。最可取的位置优先列出。"技术．位置"是可选数据元素，在其父元素"技术"中不出现、出现一次或者一次以上，其最低峰值是 10。需要注意的是，它的值是一个有序列表，排在前面的应该是可取性较高的。该数据元素为叶子结点，其数据类型为字符串，最长不超过 1 000 个字符。

表 3.45 描述了数据元素"技术．位置"的各个属性。

表 3.45 技术.位置

元素名称	技术.位置
XML 元素名称	<location>
是否必备数据元素	否
是否可重复	是
重复值是否有序	是
最低峰值	10
父元素名称	技术
是否结构结点	否，是叶子结点
数据类型	字符串 *（1 000 个字符）
示例	http：//mh. bitc. edu. cn/ziyuanku/c. jsp
	http：//www. icourses. cn/home/123. jsp
XML 表示示例	<location>　　　http://mh.bitc.edu.cn/ziyuanku/c.jsp</location>
	<location>　　　http://www.icourses.cn/home/123.jsp</location>

3.4.6 持续时间

"技术.持续时间"是指在指定的速度下连续运行教学资源所需要的时间。该元素对音频、视频和动画等教学资源尤为有用。该元数据属于可选数据元素，在其父元素"技术"中不出现或者只出现一次。它是叶子结点，其数据类型为持续时间。

表 3.46 定义了持续时间的结构。

表 3.46　持续时间

编号	名称	解释	约束	大小	次序	值空间	数据类型	示例
1	持续时间，dura-tion	精度至少能达到1秒的时间段	O	1		格式：P［yY］［mM］［dD］［T［hH］［nN］［s［.s］S］］ 其中： ——y 年数 ——m 月数 ——d 天数 ——h 小时数 ——n 分钟数 ——s 秒数 ——.s 用1位或多位数表示的1秒的十进制小数	字符串＊（200个字符）	"P1Y2M3D" "P1DT4H30N15.1S"
2	描述，description	对日期的描述	O	1			多语言字符串	（"zh" "大约1个小时20分钟"）

注1：T 是年月日和时分秒的分隔字符。

注2："约束"栏内 O 表示可选数据元素。

表 3.47 描述了数据元素"技术.持续时间"的各个属性。

表 3.47　技术.持续时间

元素名称	技术.持续时间
XML 元素名称	＜timeofduration＞
是否必备数据元素	否
是否可重复	否
父元素名称	技术
是否结构结点	否，是叶子结点
数据类型	持续时间

续表

示例	P1DT4H30N15.1S （注：1 天 4 小时 30 分 15.1 秒） "zh" "大约 1 个小时 20 分钟"

XML 表示示例	```
	<timeofduration>
	    <duration>
	        P1DT4H30N15.1S
	    </duration>
	</timeofduration>
	``
	``
	<timeofduration>
	    <description>
	        <langstring XML:lang = "zh">
	            大约 1 个小时 20 分钟
	        </langstring>
	    </description>
	</timeofduration>
	``

以上对元数据模型中的第四大类"技术"中的所有数据元素进行了介绍。"技术"本身是结构数据元素，它的取值取决于其所有子元素的取值。下面给出的是一个"技术"的 XML 表示示例，所描述的教学资源是一本名字为《汇编语言程序设计》的教材。

```
<technical>
    <format>                  <--格式:PDF-->
        F006
    </format>
    <platformrequirements> <--平台要求-->
        <type>                <--技术类型:操作系统-->
            <source>
                <langstring XML:lang = "x-none">VETLRM
                </langstring>
            </source>
```

```
            < value >
            < langstring XML:lang = "x - none" > T01 < / lang-
            string >
            < / value >
        < / type >
        < name >
            < source >          < --操作系统:Windows -- >
                < langstring XML:lang = "x - none" > VETLRM
                < / langstring >
            < / source >
            < value >
                < langstring XML:lang = "x - none" >O02 < / lan-
                gstring >
            < / value >
        < / name >
        < minimumversion >   <!--Windows 的最低版本号:7 -- >
            7
        < / minimumversion >
        < maximumversion >   <!--Windows 的最高版本号:10 -- >
            10
        < / maximumversion >
    < / platformrequirements >
    < platformrequirements >
        < type >              <!-- 技术类型:浏览器 -- >
            < source >
                < langstring XML:lang = "x - none" > VETLRM
                < / langstring >
            < / source >
            < value >
                < langstring XML:lang = "x - none" >T02 < / lan-
                gstring >
            < / value >
        < / type >
```

```
    <name>                    <!--浏览器:360浏览器-->
        <source>
            <langstring XML:lang="x-none">VETLRM
            </langstring>
        </source>
        <value>
            <langstring XML:lang="x-none">B12</lan-
            gstring>
        </value>
    </name>
    <minimumversion>     <!--360浏览器最低版本:3.9.0.
                         1023-->
        3.9.0.1023
    </minimumversion>
    <maximumversion>     <!--360浏览器最高版本:5.0.2.
                         1031-->
        5.0.2.1031
    </maximumversion>
</platformrequirements>
<platformrequirements>
    <type>                    <!--技术类型:应用软件-->
        <source>
            <langstring XML:lang="x-none">VETLRM
            </langstring>
        </source>
        <value>
            <langstring XML:lang="x-none">T03</lan-
            gstring>
        </value>
    </type>
    <name>                    <!--应用软件名称:adobe reader阅
                         读器-->
        <langstring XML:lang="zh">
```

```
              adobe reader 阅读器
           </langstring>
      </name>
      <minimumversion>      <!-- adobe reader 阅读器最低版
                             本:7.0 -->
         7.0
      </minimumversion>
      <maximumversion>      <!-- adobe reader 阅读器最高版
                             本:9.0 -->
         9.0
      </maximumversion>
   </platformrequirements>
   <installationinstructions>      <!-- 安装说明 -->
      <langstring XML:lang="zh">
         使用本教材需首先下载Adobe reader 阅读器
      </langstring>
   </installationinstructions>
   <size>                      <!-- 资源大小 -->
      3059000
   </size>
</technical>
```

以上内容表达了这样一些信息，教学资源《汇编语言程序设计》的格式是 PDF，阅读该资源需满足以下条件：

① 操作系统要安装 Windows 7 至 Windows 10。

② 浏览器使用360浏览器 3.9.0.1023 至 360浏览器 5.0.2.1031。

③ 使用 Adobe reader 阅读器，版本号范围7.0~9.0。

④ 资源的大小为 3 059 000 B，使用前需首先下载 Adobe reader 阅读器。

3.5 教育

"教育"是元数据结构中的第五大类，用来描述数据资源在教育和教学方面的一些关键特征，这些信息对于学习者来说是很重要的。它是必备数据元素，也就是说，在元数据实例中必须出现而且只能出现一次。该元素属于结构结点，包含了 8 个子元素，本身不需要定义具体的值，结构结点的值是其所有子元素值的集合。

表 3.48 描述了数据元素"教育"的各个属性。

表 3.48　教育

元素名称	教育
XML 元素名	< educational >
是否必备数据元素	是，实例中必须出现
是否可重复	否，只能出现一次
父元素名称	VETLRM（根结点）
是否结构结点	是，含子元素，本身没有具体值
子元素名称	交互类型
	教学资源类型
	用户类型
	语境
	典型年龄范围
	难度
	典型学习时间
	描述

下面分别介绍"教育"的 8 个子元素。

3.5.1　交互类型

"教育.交互类型"是指教学资源与用户之间的交互形式，属于可选数据元素，在其父元素"教育"中不出现或者只出现一次。该元素为叶子结点，其数据类型为词汇表。

表 3.49 给出的是该元素的词汇表，由 VETLRM 定义。

表 3.49 "教育．交互类型"词汇表

数据元素的编号	数据元素名称	取值列表	对应编码
5.1	教育．交互类型	解说型	I01
		主动型	I02
		混合型	I03
		其他	I99

表 3.50 描述了数据元素"教育．交互类型"的各个属性。

表 3.50 教育．交互类型

元素名称	教育．交互类型
XML 元素名称	< interactivitytype >
是否必备数据元素	否
是否可重复	否
父元素名称	教育
是否结构结点	否，是叶子结点
数据类型	词汇表
示例	I01 （注：解说型）
	I02 （注：主动型）

XML 表示示例	`< interactivitytype >`
	`    < source >`
	`        < langstringXML: lang = " x - ncne " > VETLRM`
	`        < / langstring >`
	`    < / source >`
	`    < value >`
	`        < langstring XML:lang = "x - none" >I01 < / lang-`
	`        string >`
	`    < / value >`
	`< / interactivitytype >`

| XML 表示示例 | ```
<interactivitytype>
    <source>
        <langstring XML:lang = "x - none"> VETLRM
        </langstring>
    </source>
    <value>
        <langstring XML:lang = "x - none">I02 </lang-
        string>
    </value>
</interactivitytype>
``` |
|---|---|

3.5.2 教学资源类型

"教育.教学资源类型"是指教学资源的具体类型,它不是指资源的技术类型,而是指教学资源内容的类型。该元素为必备数据元素,在其父元素"教育"中出现一次或者一次以上,最低峰值为50,是叶子结点,数据类型为词汇表。

表3.51给出的是该元素的词汇表,由 VETLRM 定义。

表 3.51 "教育.教学资源类型"词汇表

数据元素的编号	数据元素名称	取值列表	对应编码
5.2	教育.教学资源类型	课程特色介绍	I01
		课程建设总结	I02
		教学日历	I03
		授课计划或教学计划	I04
		学习指南	I05
		教学团队介绍	I06
		课程调研资料	I07
		考核评价体系介绍	I08
		课程体系说明	I09
```

数据元素的编号	数据元素名称	取值列表	对应编码
5.2	教育．教学资源类型	课程标准	S01
		教学大纲	S02
		课程总体设计方案	D01
		学习任务设计方案	D02
		学习活动设计方案	D03
		课程实施方案	D04
		教学设计方案	D05
		教案首页	C01
		授课 PPT	C02
		其他教案	C99
		工程录像	V01
		微课	V02
		专题片	V03
		说课录像	V04
		教学录像	V05
		其他教学视频	V99
		作业管理系统	F01
		综合实训系统	F02
		综合演示系统	F03
		其他教学软件	F99
		项目资料	X01
		教学案例	X02
		项目经理手册	X05
		课后作业	X06
		企业案例	X08
		技术资源网站	X09
		工程案例	X10
		名称术语	X11

续表

数据元素的编号	数据元素名称	取值列表	对应编码
5.2	教育．教学资源类型	任务工单	X12
		试题库	T01
		技能测试题库	T02
		习题集	T03
		其他类型试题	T99
		实训指导书	M01
		自编讲义	M02
		校本教材	M03
		实验指导书	M04
		参考书目	M05
		教材	M06
		网络课程网站	L01
		精品课程网站	L02
		企业链接网站	L03
		技术资源网站	L04
		其他网站链接	L99
		单元教学要求	U01
		单元重点难点	U02
		单元学习指南	U03
		单元实训	U04
		单元测验	U05
		单元作业	U06
		知识点介绍	U07
		技能点介绍	U08
		优秀课业成果	W01
		优秀毕业设计	W02
		优秀创意作品	W04
		其他类型	E99

表 3.52 描述了数据元素"教育．教学资源类型"的各个属性。

表 3.52　教育．教学资源类型

元素名称	教育．教学资源类型
XML 元素名称	＜learningobjecttype＞
是否必备数据元素	是
是否可重复	是
重复值是否有序	否
最低峰值	50
父元素名称	教育
是否结构结点	否，是叶子结点
数据类型	词汇表
示例	M06　（注：教材）
	T01　（注：试题库）
XML 表示示例	＜learningobjecttype＞ 　　＜source＞ 　　　　＜langstring XML：lang = "x - none" ＞ VETLRM 　　　　＜／langstring ＞ 　　＜／source ＞ 　　＜value ＞ 　　　　＜langstring XML：lang = "x - none" ＞M06 ＜／lang- 　　　　string ＞ 　　＜／value ＞ ＜／learningobjecttype ＞
	＜learningobjecttype ＞ 　　＜source ＞ 　　　　＜langstring XML：lang = "x - none" ＞ VETLRM 　　　　＜／langstring ＞ 　　＜／source ＞ 　　＜value ＞ 　　　　＜langstring XML：lang = "x - none" ＞T01 ＜／lang- 　　　　string ＞ 　　＜／value ＞ ＜／learningobjecttype ＞

3.5.3　用户类型

"教育.用户类型"是指教学资源的主要使用者,最重要的优先列出,也就是说,它的值可以重复出现,重复出现的值是一个有序列表。该元素为可选数据元素,在其父元素"教育"中不出现、出现一次或者出现多次,最低峰值为5,是叶子结点,数据类型为词汇表。

表3.53给出的是该元素的词汇表,由 VETLRM 定义。

表 3.53　"教育.用户类型"词汇表

数据元素的编号	数据元素名称	取值列表	对应编码
5.3	教育.用户类型	教师	U01
		学生	U02
		企业学习者	U03
		教学管理者	U04
		其他	U99

表3.54描述了数据元素"教育.用户类型"的各个属性。

表 3.54　教育.用户类型

元素名称	教育.用户类型
XML 元素名称	< roletype >
是否必备数据元素	否
是否可重复	是
重复值是否有序	是
最低峰值	5
父元素名称	教育
是否结构结点	否,是叶子结点
数据类型	词汇表
示例	U01　（注：教师）
	U02　（注：学生）

XML 表示示例	``` < roletype > < source > < langstring XML：lang = " x – none " > VETLRM < / langstring > < / source > < value > < langstring XML：lang = "x – none" >U01 < / lang- string > < / value > < / roletype > ```
	``` < roletype > < source > < langstring XML：lang = " x – none " > VETLRM < / langstring > < / source > < value > < langstring XML：lang = "x – none" >U02 < / lang- string > < / value > < / roletype > ```

3.5.4　语境

"教育．语境"是指使用教学资源的主要语境，最典型的优先列出，也就是说，它的值可以重复出现，重复出现的值是一个有序列表。该元素为可选数据元素，在其父元素"教育"中不出现、出现一次或者出现多次，最低峰值为 5，是叶子结点，数据类型为词汇表。

表 3.55 给出的是该元素的词汇表，由 VETLRM 定义。

表 3.55 "教育.语境"词汇表

数据元素的编号	数据元素名称	取值列表	对应编码
5.4	教育.语境	技校一年级	C01
		技校二年级	C02
		技校三年级	C03
		职高一年级	C04
		职高二年级	C05
		职高三年级	C06
		中专一年级	C07
		中专二年级	C08
		中专三年级	C09
		中专四年级	C10
		高职一年级	C11
		高职二年级	C12
		高职三年级	C13
		职业教育本科一年级	C14
		职业教育本科二年级	C15
		职业教育本科三年级	C16
		职业教育本科四年级	C17
		职业培训	C18
		取证培训	C19
		岗前培训	C20
		通用	C20
		其他	C99

表 3.56 描述了数据元素"教育.语境"的各个属性。

表 3.56　教育．语境

元素名称	教育．语境
XML 元素名称	＜context＞
是否必备数据元素	否
是否可重复	是
重复值是否有序	是
最低峰值	5
父元素名称	教育
是否结构结点	否，是叶子结点
数据类型	词汇表
示例	C08　　（注：中专二年级）
	C12　　（注：高职二年级）
XML 表示示例	＜context＞ 　　＜source＞ 　　　　＜langstring XML: lang = "x - none" ＞ VETLRM 　　　　＜/langstring＞ 　　＜/source＞ 　　＜value＞ 　　　　＜langstring XML:lang = "x - none" ＞C08 ＜/lang- 　　　　string ＞ 　　＜/value＞ ＜/context＞
	＜context＞ 　　＜source＞ 　　　　＜langstring XML: lang = "x - none" ＞ VETLRM 　　　　＜/langstring＞ 　　＜/source＞ 　　＜value＞ 　　　　＜langstring XML:lang = "x-none" ＞C12 ＜/lang- 　　　　string ＞ 　　＜/value＞ ＜/context＞

3.5.5 典型年龄范围

"教育.典型年龄范围"是指教学资源典型使用者的年龄范围,最典型的优先列出,也就是说,它的值可以重复出现,重复出现的值是一个有序列表。该元素为可选数据元素,在其父元素"教育"中不出现、出现一次或者出现多次,最低峰值为5。它属于叶子结点,其数据类型为多语言字符串,最长不超过1 000个字符(500个汉字)。

表3.57给出的是"教育.典型年龄范围"的各个属性。

表3.57 教育.典型年龄范围

元素名称	教育.典型年龄范围
XML元素名称	< typicalagerange >
是否必备数据元素	否
是否可重复	是
重复值是否有序	是
最低峰值	5
父元素名称	教育
是否结构结点	否,是叶子结点
数据类型	多语言字符串＊(1 000个字符)
示例	18 – 20
	"zh","只适用于成人"
XML表示示例	< typicalagerange > 18 – 20 < / typicalagerange >
	< typicalagerange > < langstring XML:lang = "zh" > 只适用于成人 < / langstring > < / typicalagerange >

3.5.6 难度

"教育. 难度"是指对于典型学习用户来说，教学资源的学习难度。该元素为可选数据元素，在其父元素"教育"中不出现或者只出现一次，是叶子结点，数据类型为词汇表，由 VETLRM 定义。

表 3.58 给出的是该元素的词汇表。

表 3.58 "教育. 难度"词汇表

数据元素的编号	数据元素名称	取值列表	对应编码
5.6	教育. 难度	很容易	D01
		容易	D02
		中等	D03
		难	D04
		很难	D05

表 3.59 描述了数据元素"教育. 难度"的各个属性。

表 3.59 教育. 难度

元素名称	教育. 难度
XML 元素名称	< difficulty >
是否必备数据元素	否
是否可重复	否
父元素名称	教育
是否结构结点	否，是叶子结点
数据类型	词汇表
示例	D02 （注：容易）
	D03 （注：中等）

| XML 表示示例 | ```
<difficulty >
    <source >
        < langstring XML:lang = "x - none" > VETLRM
        </langstring >
    </source >
    <value >
        < langstring XML:lang = "x - none" >D02 </lang-
        string >
    </value >
</difficulty >
``` |
| --- | --- |
| | ```
<difficulty >
    <source >
        < langstring XML:lang = "x - none" > VETLRM
        </langstring >
    </source >
    <value >
        <langstring XML:lang = "x - none" >D03 </lang-
        string >
    </value >
</difficulty >
``` |

3.5.7　典型学习时间

　　"教育.典型学习时间"是指使用教学资源一般或大约所需的时间。该元素为可选数据元素，在其父元素"教育"中不出现或者只出现一次，是叶子结点，数据类型为持续时间（结构见表3.46）。

　　表3.60描述了数据元素"教育.典型学习时间"的各个属性。

表 3.60　教育．典型学习时间

元素名称	教育．典型学习时间
XML 元素名称	＜ typicallearningtime ＞
是否必备数据元素	否
是否可重复	否
父元素名称	教育
是否结构结点	否，是叶子结点
数据类型	持续时间
示例	P1Y2M3DT4H（注：1 年 2 个月 3 天 4 小时）
	"zh" "一个学期"
XML 表示示例	＜ typicallearningtime ＞ 　　＜ duration ＞ 　　　　P1Y2M3DT4H 　　＜ / duration ＞ ＜ / typicallearningtime ＞
	＜ typicallearningtime ＞ 　　＜ description ＞ 　　　　＜ langstring XML:lang = "zh" ＞ 　　　　一个学期 　　　　＜ / langstring ＞ 　　＜ / description ＞ ＜ / typicallearningtime ＞

3.5.8　描述

　　"教育．描述"是对如何使用该教学资源的描述，为可选数据元素，在其父元素"教育"中不出现或者只出现一次，是叶子结点，数据类型为多语言字符串，最长不超过 1 000 个字符（500 个汉字）。

　　表 3.61 描述了数据元素"教育．描述"的各个属性。

表 3.61 教育．描述

元素名称	教育．描述
XML 元素名称	＜description＞
是否必备数据元素	否
是否可重复	否
父元素名称	教育
是否结构结点	否，是叶子结点
数据类型	多语言字符串＊（1 000 个字符）
示例	"zh" "该书是国家十二五规划教材，可作为高职二年级软件技术专业学生教材"
	"en" "This courseware can be used for classroom teaching"
XML 表示示例	＜description＞ 　　＜langstring XML:lang = "zh"＞ 　　　　该书是国家十二五规划教材,该书可作为高职二年级软件技术专业学生教材 　　＜/langstring＞ ＜/description＞
	＜description＞ 　　＜langstring XML:lang = "en"＞ 　　　　This courseware can be used for classroom teaching 　　＜/langstring＞ ＜/description＞

以上对元数据模型中的第五大类"教育"中的所有数据元素进行了介绍。"教育"本身是结构数据元素，它的取值取决于其所有子元素的取值。下面给出的是一个数据元素"教育"的 XML 示例，所描述的教学资源是一本名字为《汇编语言程序设计》的教材。

```
＜educational＞
    ＜interactivitytype＞    ＜!-- 交互类型:解说型 -- ＞
        ＜source＞
            ＜langstring XML:lang = "x - none"＞VETLRM
```

```
            < / langstring >
        < / source >
        < value >
            < langstring XML：lang = "x – none" > I01 < / lang-
            string >
        < / value >
    < / interactivitytype >
    < learningobjecttype >    <!--教学资源类型：教材 -- >
        < source >
            < langstring XML：lang = "x – none" >VETLRM < / lan-
            gstring >
        < / source >
        < value >
            < langstring XML：lang = "x – none" >M06 < / lang-
            string >
        < / value >
    < / learningobjecttype >
    < roletype >              <!--用户类型：学生 -- >
        < source >
            < langstring XML：lang = "x – none" >VETLRM < / lan-
            gstring >
        < / source >
        < value >
            < langstring XML：lang = "x – none" >U02 < / lang-
            string >
        < / value >
    < / roletype >
    < context >              <!--适用学生：高职二年级 -- >
        < source >
            < langstring XML：lang = "x – none" >VETLRM < / lan-
            gstring >
        < / source >
        < value >
            < langstring XML：lang = "x – none" >C12 < / lang-
```

```
                    string >
                </value >
            </context >
            <typicalagerange >        <!-- 典型年龄范围:18~20 -- >
                18 - 20
            </typicalagerange >
            <difficulty >             <!-- 难度:中等 -- >
                <source >
                    <langstring XML:lang = "x - none" >VETLRM </lan-
                    gstring >
                </source >
                <value >
                    <langstring XML:lang = "x - none" >D03 </lang-
                    string >
                </value >
            </difficulty >
            <typicallearningtime >  <!-- 典型学习时间:一个学期 -- >
                <description >
                    <langstring XML:lang = "zh" >
                        一个学期
                    </langstring >
                </description >
            </typicallearningtime >
            <description >            <!-- 描述 -- >
                <langstring XML:lang = "zh" >
                    该书是国家十二五规划教材,该书可作为高职二年级软件技
                    术专业学生教材
                </langstring >
            </description >
        </educational >
```

　　以上内容表达了这样一些信息:《汇编语言程序设计》在交互类型上属于解说型,它是十二五规划教材,适合高职二年级软件专业学生学习,难度中等,典型年龄范围 18~20 岁,典型学习时间为一个学期。

3.6 权利

"权利"是元数据结构中的第六大类,描述了教育资源的知识产权和使用条件等信息。它是可选数据元素,不能重复,也就是说,在元数据实例中可以不出现或者只出现一次。该元素为结构结点,包含了3个子元素,本身不需要定义具体的值,结构结点的值是其所有子元素值的集合。

表3.62描述了数据元素"权利"的各个属性。

表3.62 权利

元素名称	权利
XML元素名	< rights >
是否必备数据元素	否
是否可重复	否
父元素名称	VETLRM(根结点)
是否结构结点	是,含子元素,本身没有具体值
子元素名称	费用
	版权
	限制

3.6.1 费用

"权利.费用"用来描述教学资源是否需要付费,属于可选数据元素,在其父元素"权利"中不出现或者只出现一次。它是叶子结点,数据类型为词汇表,由VETLRM定义。

表3.63给出的是该元素的词汇表。

表3.63 "权利.费用"词汇表

数据元素的编号	数据元素名称	取值列表	对应编码
6.1	权利.费用	收费	C01
		免费	C02

表3.64描述了数据元素"权利.费用"的各个属性。

表3.64 权利.费用

元素名称	权利.费用
XML元素名称	< cost >
是否必备数据元素	否
是否可重复	否
父元素名称	权利
是否结构结点	否，是叶子结点
数据类型	词汇表
示例	C01 （注：收费）
	C02 （注：免费）
XML 表示示例	``` < cost > < source > < langstring XML: lang = " x - none " > VETLRM < /langstring > < /source > < value > < langstring XML:lang = "x - none" >C01 < /lang- string > < /value > < /cost > ```
	``` < cost > < source > < langstring XML: lang = " x - none " > VETLRM < /langstring > < /source > < value > < langstring XML:lang = "x - none" >C02 < /lang- string > < /value > < /cost > ```

3.6.2 版权

"权利.版权"用来描述教学资源的版权形式。该元素为可选数据元素，在其父元素"权利"中不出现或者只出现一次，是叶子结点，数据类型为词汇表，由 VETLRM 定义。

表 3.65 给出的是该元素的词汇表。

表 3.65 "权利.版权"词汇表

数据元素的编号	数据元素名称	取值列表	对应编码
6.2	权利.版权	有版权	P01
		无版权	P02

表 3.66 描述了数据元素"权利.版权"的各个属性。

表 3.66 权利.版权

元素名称	权利.版权
XML 元素名称	<copyright>
是否必备数据元素	否
是否可重复	否
父元素名称	权利
是否结构结点	否，是叶子结点
数据类型	词汇表
示例	P01 （注：有版权）
	P02 （注：无版权）

| XML 表示示例 | ```<copyright >
    <source >
        <langstring XML: lang = " x - none " > VETLRM
        </langstring >
    </source >
    <value >
        <langstring XML:lang = "x - none" >P01 </lang-
        string >
    </value >
</copyright >``` |
|---|---|
| | ```<copyright >
    <source >
        <langstring XML: lang = " x - none " > VETLRM
        </langstring >
    </source >
    <value >
        <langstring XML:lang = "x - none" >P02 </lang-
        string >
    </value >
</copyright >``` |

3.6.3 限制

"权利．限制"描述该教学资源使用的条件和范围。该元素为可选数据元素，在其父元素"权利"中不出现或者只出现一次，是叶子结点，数据类型为多语言字符串，最长不超过 1 000 个字符（500 个汉字）。

表 3.67 描述了数据元素"权利．限制"的各个属性。

表3.67　权利．限制

元素名称	权利．限制
XML 元素名称	＜ restrictions ＞
是否必备数据元素	否
是否可重复	否
父元素名称	权利
是否结构结点	否，是叶子结点
数据类型	多语言字符串＊（1 000 个字符）
示例	"zh" "限 18 岁以上成年人"
XML 表示示例	＜ restrictions ＞ 　　＜ langstring XML:lang = "zh" ＞ 　　　　限 18 岁以上成年人 　　＜／langstring ＞ ＜／restrictions ＞

以上对元数据模型中的第六大类"权利"中的所有数据元素进行了介绍。"权利"本身是结构数据元素，它的取值取决于其所有子元素的取值。下面给出的是一个"权利"的 XML 示例，所描述的教学资源是一本名字为《汇编语言程序设计》的教材。

```
< rights >
    < cost >                    <!-- 费用:免费 -- >
        < source >
            < langstring XML:lang = "x - none" >VETLRM < / lan-
            gstring >
        < / source >
        < value >
            < langstring XML:lang = "x - none" > CC2 < / lang-
            string >
        < / value >
    < / cost >
    < copyright >                <!-- 版权所有 -- >
```

```
< source >
    < langstring XML:lang = "x - none" >VETLRM < / lan-
      gstring >
< / source >
< value >
    < langstring XML:lang = "x - none" > P01 < / lang-
      string >
< / value >
< / copyright >
< / rights >
```

上述内容表达的信息为：《汇编语言程序设计》这本书有版权，但网上资源属于免费资源。

3.7　关联

"关联"是元数据结构中的第七大类，用来定义教学资源与其他教学资源的关系。如果有多个关联的教学资源，则需要定义多个实例。它是可选数据元素，也就是说，在元数据实例中可以出现也可以不出现，最低峰值为100。它是结构结点，包含了2个子元素，本身不需要定义具体的值，结构结点的值是其所有子元素值的集合。

表3.68描述了数据元素"关联"的各个属性。

表 3.68　关联

元素名称	关联
XML 元素名	< relation >
是否必备数据元素	否
是否可重复	是
重复值是否有序	否
最低峰值	100
父元素名称	VETLRM（根结点）
是否结构结点	是，含子元素，本身没有具体值

子元素名称	关联类型
	关联教学资源

下面分别介绍数据元素"关联"的 2 个子元素。

3.7.1 关联类型

"关联.关联类型"是指该教学资源（A）和被关联教学资源（B）之间的关系性质。它在其父元素"关联"中是必备数据元素，必须出现且只能出现一次。该元素为结构结点，数据类型为词汇表，由 VETLRM 定义。

表 3.69 给出的是该元素的词汇表。

表 3.69　"关联.关联类型"词汇表

数据元素的编号	数据元素名称	取值列表	对应编码
7.1	关联.关联类型	A 是 B 的一部分	K01
		B 是 A 的一部分	K02
		A 是 B 的某个版本	K03
		B 是 A 的某个版本	K04
		A 与 B 有相同的格式，B 先于 A	K05
		B 与 A 有相同的格式，A 先于 B	K06
		A 参考引用了 B	K07
		B 参考引用了 A	K08
		A 的来源是 B	K09
		B 的来源 A	K10
		A 需要 B（指在物理上或逻辑上）	K11
		B 需要 A（指在物理上或逻辑上）	K12
		A 被 B 所替代	K13
		B 被 A 所替代	K14

表3.70 描述了数据元素"关联．关联类型"的各个属性。

表 3.70 关联．关联类型

元素名称	关联．关联类型	
XML 元素名称	< relationship >	
是否必备数据元素	是，在其父元素中必须出现	
是否可重复	否	
父元素名称	关联	
是否结构结点	否，叶子结点	
数据类型	词汇表	
示例	K01　　（注：A 是 B 的一部分）	
	K07　　（注：A 参考引用了 B）	
XML 表示示例	```<relationship>　<source>　　<langstring XML:lang = "x - none" > VETLRM　　</langstring>　</source>　<value>　　<langstring XML:lang = "x - none" >K01 </langstring>　</value></relationship>```	
	```<relationship>　<source>　　<langstring XML:lang = "x - none" > VETLRM　　</langstring>　</source>　<value>　　<langstring XML:lang = "x - none" >K07 </langstring>　</value></relationship>```	

3.7.2　关联教学资源

"关联.关联教学资源"描述被关联的教学资源，在其父元素"关联"中是必备数据元素，必须出现且只能出现一次。它是结构结点，有2个子元素。

表3.71描述了数据元素"关联.关联教学资源"的各个属性。

表3.71　关联.关联教学资源

元素名称	关联.关联教学资源
XML元素名称	< resource >
是否必备数据元素	是，在其父元素中必须出现
是否可重复	否
父元素名称	关联
是否结构结点	是，含子元素，本身没有具体值
子元素名称	标识符
	描述

下面分别介绍"关联.关联教学资源"的2个子元素。

1. 标识符

"关联.关联教学资源.标识符"是"关联"中的第一个子元素，用来标识被关联教学资源的"身份"，类似于公民的"身份证"。该元素在其父元素中是必备数据元素，可以重复，其最低峰值是10，为结构结点，有2个子元素。

表3.72描述了数据元素"关联.关联教学资源.标识符"的各个属性。

表3.72　关联.关联教学资源.标识符

元素名称	关联.关联教学资源.标识符
XML元素名称	< identifier >
是否必备数据元素	是，在其父元素中必须出现
是否可重复	是，可以出现多次

重复值是否有序	否
最低峰值	10
父元素名称	关联教学资源
是否结构结点	是
子元素名称	类别
	表项

下面分别介绍"关联．关联教学资源．标识符"的2个子元素。

（1）类别

"关联．关联教学资源．标识符．类别"是"关联．关联教学资源．标识符"中的第一项，代表标识方案或编目方案的名称或指示符。它与"关联．关联教学资源．标识符．表项"是一一对应的关系。该元素在"关联．关联教学资源．标识符"中是必备数据元素，必须出现且仅能出现一次。它是叶子结点，数据类型是字符串，最长不超过1 000个字符。

表3.73描述了数据元素"关联．关联教学资源．标识符．类别"的各个属性，并对其进行了举例说明。

表 3.73 关联．关联教学资源．标识符．类别

元素名称	关联．关联教学资源．标识符．类别
XML元素名称	< catalog >
是否必备数据元素	是，在其父元素中必须出现
是否可重复	否，只能出现一次
父元素名称	标识符
是否结构结点	否，叶子结点
数据类型	字符串＊（1 000个字符）
示例	ISBN
	URI

续表

XML 表示示例	< catalog > 　　ISBN < /catalog >
	< catalog > 　　URI < /catalog >

（2）表项

"关联．关联教学资源．标识符．表项"是"关联．关联教学资源．标识符"中的第二项，代表教学资源在某一个标识方案或编目方案中的值，在"关联．关联教学资源．标识符"中是必备数据元素，必须出现且仅能出现一次。该元素为叶子结点，数据类型是字符串，最长不超过1 000个字符。

表3.74描述了数据元素"关联．关联教学资源．标识符．表项"的各个属性，并对其进行了举例说明。

表3.74　关联．关联教学资源．标识符．表项

元素名称	关联．关联教学资源．标识符．表项
XML 元素名称	< entry >
是否必备数据元素	是，在其父元素中必须出现
是否可重复	否，只能出现一次
父元素名称	标识符
是否中间结点	否，叶子结点
数据类型	字符串＊（1 000 个字符）
示例	7 – 302 – 00829 – 9
	http：//www. doc88. com/p – 704206001413. html

XML 表示示例	`< entry >`
	　　`7 - 302 - 00829 - 9`
	`< / entry >`

	`< entry >`
	　　`http : //www.doc88.com/p - 704206001413.html`
	`< / entry >`

　　"关联．关联教学资源．标识符．类别"和"关联．关联教学资源．标识符．表项"的父元素——"关联．关联教学资源．标识符"的 XML 示例 1 如下：

```
< identifier >
    < catalog >
        ISBN
    < / catalog >
    < entry >
        7 - 302 - 00829 - 9
    < / entry >
< / identifier >
```

　　"关联．关联教学资源．标识符．类别"和"关联．关联教学资源．标识符．表项"的父元素——"关联．关联教学资源．标识符"的 XML 示例 2 如下：

```
< identifier >
    < catalog >
        URI
    < / catalog >
    < entry >
        http : //www.doc88.com/p - 704206001413.html
    < / entry >
< / identifier >
```

2. 描述

　　"关联．关联教学资源．描述"是"关联．关联教学资源"的第二个子元素，用来描述被关联教学资源。该元素为可选数据元素，在其父元素中可以不出现、出现一次或者一次以上，最低峰值是 10。它属于叶子结点，数据类型为多语言字符串，最长不超过 1 000 个字符（500 个汉字）。

表 3.75 描述了数据元素"关联．关联教学资源．描述"的各个属性。

表 3.75 关联．关联教学资源．描述

元素名称	关联．关联教学资源．描述
XML 元素名称	< description >
是否必备数据元素	否
是否可重复	是，可以出现多次
重复值是否有序	否
最低峰值	10
父元素名称	关联教学资源
是否结构结点	否，叶子结点
数据类型	多语言字符串（＊1 000 个字符）
示例	"zh""《IBM PC 汇编语言程序设计》是一本经典的汇编语言教材，由清华大学出版社出版，沈美明编著" "zh""题目：利用汇编语言编写找出 10 个无符号数中最大数和最小数"

XML 表示示例	`< description >`
	  `< langstring XML:lang = "zh" >`
	    《IBM PC 汇编语言程序设计》是一本经典的汇编语言教材，由清华大学出版社出版，沈美明编著
	  `< /langstring >`
	`< /description >`
	
	`< description >`
	  `< langstring XML:lang = "zh" >`
	    题目:利用汇编语言编写找出 10 个无符号数中最大数和最小数
	  `< /langstring >`
	`< /description >`

数据元素"关联.关联教学资源"的 XML 示例如下:

```
< resource >
    < identifier >                    < ! -- 标识符 -- >
        < catalog >
            ISBN
        < / catalog >
        < entry >
            7 - 302 - 00829 - 9
        < / entry >
    < / identifier >
    < description >                    < ! -- 描述 -- >
        < langstring XML : lang = "zh" >
            《IBM PC 汇编语言程序设计》是一本经典的汇编语言教材,
            由清华大学出版社出版,沈美明编著
        < / langstring >
    < / description >
< / resource >
```

以上对元数据模型中的第七大类"关联"中的所有数据元素进行了介绍。"关联"本身是结构数据元素,它的取值取决于其所有子元素的取值。下面给出的是一个"教育"的 XML 表示示例,所描述的教学资源是一本名字为《汇编语言程序设计》的教材。

```
< relation >
    < relationship >                    < ! -- 关联类型:A 参考引用了 B -- >
        < source >
            < langstring XML : lang = "x - none" >VETLRM < / lan-
            gstring >
        < / source >
        < value >
            < langstring XML : lang = "x - none" > K07 < / lang-
            string >
        < / value >
    < / relationship >
```

```
<resource>                    <!--被关联教学资源(即 B) -- >
    <identifier >
        <catalog >
            ISBN
        </catalog >
        <entry >
            7 -302 -00829 -9
        </entry >
    </identifier >
    <description >      <!--关联教学资源描述(即 B) -- >
        <langstring XML:lang = "zh" >
            《IBM PC 汇编语言程序设计》是一本经典的汇编语言
            教材,由清华大学出版社出版,沈美明编著
        </langstring >
    </description >
</resource >
</relation >
<relation >
    <relationship >                <!--关联类型:B 参考引用了 A -- >
        <source >
            <langstring XML:lang = "x -none" >VETLRM </lan-
            gstring >
        </source >
        <value >
            <langstring XML:lang = "x - none" >K08 </lang-
            string >
        </value >
    </relationship >
    <resource >                    <!--被关联教学资源(即 B) -- >
        <identifier >
            <catalog >
                URI
            </catalog >
```

```
<entry>
    http://www.doc88.com/p-704206001413.html
</entry>
</identifier>
<description>          <!--被关联教学资源(即 B)描述-->
    <langstring XML:lang="zh">
        题目:利用汇编语言编写找出 10 个无符号数中最大数
        和最小数
    </langstring>
</description>
    </resource>
</relation>
```

上述内容表达的信息如下:

① 《汇编语言程序设计》参考了沈美明编著的《IBM PC 汇编语言程序设计》,这是一本经典的汇编语言教材,由清华大学出版社出版,ISBN 为 7-302-00829-9。

② 网络资源"题目:利用汇编语言编写找出 10 个无符号数中最大数和最小数"参照了教学资源,即《汇编语言程序设计》,其网址为 http://www.doc88.com/p-704206001413.html。

3.8 评价

"评价"是元数据结构中的第八大类,是对教学资源在教学使用方面的一些评价。该类别能使教育者共享其对教学资源的评价和使用建议等。它是可选数据元素,可以重复,在元数据实例中可以不出现、出现一次或者多次,最低峰值30,该元素为结构结点,包含了 3 个子元素,本身不需要定义具体的值,结构结点的值是其所有子元素值的集合。

表3.76描述了数据元素"评价"的各个属性。

表 3.76　评价

元素名称	评价
XML 元素名	＜annotation＞
是否必备数据元素	否
是否可重复	是
重复值是否有序	否
最低峰值	30
父元素名称	VETLRM（根结点）
是否结构结点	是，含子元素，本身没有具体值
子元素名称	评价者
	评价内容
	日期

下面分别介绍数据元素"评价"的 3 个子元素。

3.8.1　评价者

"评价.评价者"是指对教学资源创建评价的人或组织机构。该元素为可选数据元素，在其父元素"评价"中不出现或者只出现一次。它是叶子结点，"评价.评价者"的值空间是 vCard，由 IMC vCard 3.0（RFC 2425，RFC2426）定义，数据类型为字符串，最长不超过 1 000 个字符。

表 3.77 描述了数据元素"评价.评价者"的各个属性。

表 3.77　评价.评价者

元素名称	评价.评价者
XML 元素名称	＜annotator＞
是否必备数据元素	否
是否可重复	否
父元素名称	评价
是否结构结点	否，是叶子结点
数据类型	字符串 ＊（1 000 个字符）

续表

示例	BEGIN：VCARD VERSION：3.0 FN：林和 ORG：北京信息职业技术学院 TITLE：院长 END：VCARD
	EGIN：VCARD FN：刘杰 TEL：+86 18612345678 EMAIL：123@ gmail. com END：VCARD

XML 表示示例	```
	<annotator>
	    BEGIN:VCARD
	    VERSION:3.0
	    FN:林和
	    ORG:北京信息职业技术学院
	    TITLE:院长
	    END:VCARD
	</annotator>
	``

	``
	<annotator>
	    EGIN:VCARD
	    FN:刘杰
	    TEL:+86 18612345678
	    EMAIL:123@ gmail.com
	    END:VCARD
	</annotator>
	``

3.8.2 评价内容

"评价.评价内容"是指对教学资源进行评价的具体内容，在其父元素中是必备数据元素，必须出现且仅能出现一次。它属于叶子结点，数据类型为多语言字符串，最长不超过 1 000 个字符（500 个汉字）。

表 3.78 描述了数据元素"评价.评价内容"的各个属性。

表 3.78　评价.评价内容

元素名称	评价.评价内容
XML 元素名称	< description >
是否必备数据元素	是，在其父元素中必须出现
是否可重复	否
父元素名称	评价
是否结构结点	否，是叶子结点
数据类型	多语言字符串　*　（1 000 个字符）
示例	"zh""这是一本难易适中的汇编教材，里面列举了大量的实例"
	"zh""本书的最大特点是在每个例子执行的前后，都用 DEBUG 展示了内存的状态，便于学生理解"
XML 表示示例	``` < description > < langstring XML:lang = "zh" > 这是一本难易适中的汇编教材,里面列举了大量的实例 < /langstring > < /description > ```

	``
	< description >
	    < langstring XML:lang = "zh" >
	        本书的最大特点是在每个例子执行的前后,都用 DEBUG
	        展示了内存的状态,便于学生理解
	    < /langstring >
	< /description >
	``

3.8.3　日期

"评价.日期"是"评价"的第三个元素，用于创建评价的日期，是可选数据元素，它在"评价"中可以不出现或者仅出现一次。"评价.日期"的数据类型是日期时间，日期时间结构见表 3.20。

表 3.79 描述了"评价.日期"的各个属性，并对其进行了举例说明。

表 3.79　评价．日期

元素名称	评价．日期
XML 元素名称	< date >
是否必备数据元素	否
是否可重复	否
父元素名称	评价
是否结构结点	否，是叶子结点
数据类型	日期时间
示例	"2015－01－12"
	"zh"，"20 世纪 60 年代末期"
XML 表示示例	< date > 　　< datetime > 　　　2015－01－12 　　</ datetime > </ date >
	< date > 　　< description > 　　　< langstring XML:lang = "zh" > 　　　　20 世纪 60 年代末期 　　　</ langstring > 　　</ description > </ date >

数据元素"评价．日期"的父元素"评价"的 **XML** 示例如下：

```
< annotation >
    < annotator >                    <!-- 评价者:林和 -- >
        BEGIN:VCARD
        VERSION:3.0
        FN:林和
        ORG:北京信息职业技术学院
        TITLE:院长
```

```
        END:VCARD
    </annotator>
    <description>              <!--评价内容-->
        <langstring XML:lang="zh">
            本书的最大特点是在每个例子执行的前后,都用 DEBUG 展示
            了内存的状态,便于学生理解
        </langstring>
    </description>
    <date>                    <!--评价日期:2015-01-12-->
        <datetime>
            2015-01-12
        </datetime>
    </date>
</annotation>
```

上述内容表达的信息是：北京信息职业技术学院的林和院长对《汇编语言程序设计》于 2015 年 1 月 12 日做了评价，评价内容为："本书的最大特点是在每个例子执行的前后，都用 DEBUG 展示了内存的状态，便于学生理解"。

3.9 分类

该类别是元数据结构中的第九大类，用来描述教学资源在职业教育资源分类体系中所属的类别，以便于对教学资源进行精确定位。它是必备数据元素，也就是说在元数据实例中必须出现，最低峰值为 40，为结构结点，包含了 4 个子元素，本身不需要定义具体的值，结构结点的值是其所有子元素值的集合。

表 3.80 描述了数据元素"分类"的各个属性。

表 3.80　分类

元素名称	分类
XML 元素名	< classification >
是否必备数据元素	是

续表

是否可重复	是
重复值是否有序	否
最低峰值	40
父元素名称	VETLRM（根结点）
是否结构结点	是，含子元素，本身没有具体值
子元素名称	分类依据
	分类路径
	描述
	关键词

下面依次介绍数据元素"分类"的 4 个子元素。

3.9.1 分类依据

"分类.分类依据"是指对教学资源分类所依据的专业或职业目录，包括目录名称和目录出版年份两项内容。该元素为必备数据元素，不可以重复，在其父元素中必须出现且只能出现一次。它属于结构结点，有 2 个子元素，本身不需要定义具体的值，结构结点的值是其所有子元素值的集合。

表 3.81 描述了数据元素"分类.分类依据"的各个属性。

表 3.81 分类.分类依据

元素名称	分类.分类依据
XML 元素名	< classificationbasis >
是否必备数据元素	是
是否可重复	否
父元素名称	分类
是否结构结点	是，含子元素，本身没有具体值
子元素名称	名称
	出版年份

下面分别介绍"分类.分类依据"的 2 个子元素。

1. 名称

"分类.分类依据.名称"是"分类.分类依据"中的第一个子元素，是指对教学资源进行分类所依据的专业或职业目录的名称。该元素是必备数据元素，不可以重复，在其父元素中必须出现一次且只能出现一次。它属于叶子结点，数据类型为词汇表，由 VETLRM 定义。

表 3.82 给出的是该元素的词汇表。

表 3.82 "分类.分类依据.名称"词汇表

数据元素的编号	数据元素名称	取值列表	对应编码
9.1.1	分类.分类依据.名称	中华人民共和国职业分类大典	1
		全国技工院校专业目录	2
		中等职业学校专业目录	3
		高等职业学校专业目录	4
		本科职业学校专业目录	5
		通用能力培养	6
		其他	9

表 3.83 描述了数据元素"分类.分类依据.名称"的各个属性，并对其进行了举例说明。

表 3.83 分类.分类依据.名称

元素名称	分类.分类依据.名称
XML 元素名称	＜name＞
是否必备数据元素	是，在实例中必须出现
是否可重复	否
父元素名称	分类依据
是否结构结点	否，叶子结点
数据类型	词汇表

示例	1　（注：中华人民共和国职业分类大典）
	4　（注：高等职业学校专业目录）

XML 表示示例	`<name>`
	　　`<source>`
	　　　　`<langstring XML:lang = "x - none" > VETLRM`
	　　　　`</langstring>`
	　　`</source>`
	　　`<value>`
	　　　　`<langstring XML:lang = "x - none" >1 </langstring>`
	　　`</value>`
	`</name>`

	`<name>`
	　　`<source>`
	　　　　`<langstring XML:lang = "x - none" > VETLRM`
	　　　　`</langstring>`
	　　`</source>`
	　　`<value>`
	　　　　`<langstring XML:lang = "x - none" >4 </langstring>`
	　　`</value>`
	`</name>`

2. 出版年份

　　"分类.分类依据.出版年份"是"分类.分类依据"中的第二个子元素，是指对教学资源进行分类所依据的专业或职业目录的出版年份。该元素是可选数据元素，不可以重复，在其父元素中不出现或者仅出现一次。它属于叶子结点，数据类型为4位数字的字符串。

　　表3.84描述了数据元素"分类.分类依据.出版年份"的各个属性，并对其进行了举例说明。

表 3.85　分类．分类路径

元素名称	分类．分类路径
XML 元素名	＜taxonpath＞
是否必备数据元素	是，实例中必须出现
是否可重复	是
重复值是否有序	否
最低峰值	15
父元素名称	分类
是否结构结点	是，含子元素，本身没有具体值
子元素名称	专业或职业
	课程类别
	课程
	知识点或技能点

下面分别介绍"分类．分类路径"的 4 个子元素。

1. 专业或职业

"分类．分类路径．专业或职业"是"分类．分类路径"中的第一个子元素，是指教学资源在专业或职业目录中所适用的专业或职业。该元素为必备数据元素，可以重复，在其父元素中必须出现一次或者一次以上，最低峰值为 15。它属于结构结点，有 2 个子元素，本身不需要定义具体的值，结构结点的值是其所有子元素值的集合。

表 3.86 描述了数据元素"分类．分类路径．专业或职业"的各个属性。

表 3.86　分类．分类路径．专业或职业

元素名称	分类．分类路径．专业或职业
XML 元素名	＜professionoroccupation＞
是否必备数据元素	是，实例中必须出现
是否可重复	是
重复值是否有序	否

示例	1 （注：中华人民共和国职业分类大典）
	4 （注：高等职业学校专业目录）

XML 表示示例	`< name >`
	  `< source >`
	    `< langstring XML:lang = " x - none " > VETLRM`
	    `< / langstring >`
	  `< / source >`
	  `< value >`
	    `< langstring XML:lang = "x - none" >1 < / lan-gstring >`
	  `< / value >`
	`< / name >`

	`< name >`
	  `< source >`
	    `< langstring XML:lang = " x - none " > VETLRM`
	    `< / langstring >`
	  `< / source >`
	  `< value >`
	    `< langstring XML:lang = "x - none" >4 < / lan-gstring >`
	  `< / value >`
	`< / name >`

2. 出版年份

"分类.分类依据.出版年份"是"分类.分类依据"中的第二个子元素，是指对教学资源进行分类所依据的专业或职业目录的出版年份。该元素是可选数据元素，不可以重复，在其父元素中不出现或者仅出现一次。它属于叶子结点，数据类型为4位数字的字符串。

表3.84描述了数据元素"分类.分类依据.出版年份"的各个属性，并对其进行了举例说明。

表 3.84　分类.分类依据.出版年份

元素名称	分类.分类依据.出版年份
XML 元素名称	< yearofpublication >
是否必备数据元素	否
是否可重复	否
父元素名称	分类依据
是否结构结点	否，叶子结点
数据类型	字符串（4 位数字）
示例	1999　（注：出版时间）
	2015　（注：出版时间）
XML 表示示例	< yearofpublication > 　　1999 < / yearofpublication >
	< yearofpublication > 　　2015 < / yearofpublication >

　　数据元素"分类.分类依据.名称"和"分类.分类依据.出版年份"的父元素"分类.分类依据"的 XML 示例 1 如下：

```
< classificationbasis >
    < name >
        < source >
            < langstring XML:lang = "x - none" >VETLRM < / langstring >
        < / source >
        < value >
            < langstring XML:lang = "x - none" >1 < / langstring >
        < / value >
    < / name >
    < yearofpublication >
        1999
    < / yearofpublication >
< / classificationbasis >
```

上述例子表明：教学资源依据的分类体系是 1999 年版的《中华人民共和国职业分类大典》。

数据元素"分类．分类依据．名称"和"分类．分类依据．出版年份"的父元素"分类．分类依据"的 XML 示例 2 如下：

```
< classificationbasis >
    < name >
        < source >
            < langstring XML:lang = "x - none" >VETLRM < / lan-
            gstring >
        < / source >
        < value >
            < langstring XML:lang = "x - none" > 4 < / lang-
            string >
        < / value >
    < / name >
    < yearofpublication >
        2015
    < / yearofpublication >
< / classificationbasis >
```

上述例子表明：教学资源依据的分类体系是 2015 年版的《高等职业学校专业目录》。

3.9.2　分类路径

"分类．分类路径"是指教学资源在职业教育资源分类系统中的分类路径，每深入一个层次就是对上层定义的一次细化。在同一个分类系统中，对同一教学资源所属类别的描述可能存在不同的分类路径，因此该元素可以重复。该元素为必备数据元素，在其父元素中必须出现一次或者一次以上，最低峰值为 15。它属于结构结点，有 4 个子元素，本身不需要定义具体的值，结构结点的值是其所有子元素值的集合。

表 3.85 描述了数据元素"分类．分类路径"的各个属性。

表 3.85　分类.分类路径

元素名称	分类.分类路径
XML 元素名	＜ taxonpath ＞
是否必备数据元素	是，实例中必须出现
是否可重复	是
重复值是否有序	否
最低峰值	15
父元素名称	分类
是否结构结点	是，含子元素，本身没有具体值
子元素名称	专业或职业
	课程类别
	课程
	知识点或技能点

下面分别介绍"分类.分类路径"的 4 个子元素。

1. 专业或职业

"分类.分类路径.专业或职业"是"分类.分类路径"中的第一个子元素，是指教学资源在专业或职业目录中所适用的专业或职业。该元素为必备数据元素，可以重复，在其父元素中必须出现一次或者一次以上，最低峰值为 15。它属于结构结点，有 2 个子元素，本身不需要定义具体的值，结构结点的值是其所有子元素值的集合。

表 3.86 描述了数据元素"分类.分类路径.专业或职业"的各个属性。

表 3.86　分类.分类路径.专业或职业

元素名称	分类.分类路径.专业或职业
XML 元素名	＜ professionoroccupation ＞
是否必备数据元素	是，实例中必须出现
是否可重复	是
重复值是否有序	否

续表

最低峰值	15
父元素名称	分类路径
是否结构结点	是，含子元素，本身没有具体值
子元素名称	专业或职业代码
	专业或职业名称

下面分别介绍"分类．分类路径．专业或职业"的2个子元素。

（1）专业或职业代码

"分类．分类路径．专业或职业．专业或职业代码"是"分类．分类路径．专业或职业"中的第一项，是指教学资源在专业或职业目录中所适用的专业或职业代码。如果是专业代码，则在最前方加数字"0"；如果教学资源属于"6 通用能力培养"，则此处代码为7个"0"。该元素为必备数据元素，在其父元素中，必须出现且仅能出现一次。它属于叶子结点，数据类型为7位数字组成的字符串。

表3.87描述了数据元素"分类．分类路径．专业或职业．专业或职业代码"的各个属性，并对其进行了举例说明。

表3.87 分类．分类路径．专业或职业．专业或职业代码

元素名称	分类．分类路径．专业或职业．专业或职业代码
XML元素名称	< professionaloroccupationalID >
是否必备数据元素	是，实例中必须出现
是否可重复	否，只能出现一次
父元素名称	专业或职业
是否结构结点	否，叶子结点
数据类型	字符串（7位数字）
示例	2010800（注：职业分类中的"医学研究人员"代码）
	0590108（注：590108是专业代码，前面加0补够7位）

XML 表示示例	< professionaloroccupationalID > 　　2010800 < / professionaloroccupationalID >
	< professionaloroccupationalID > 　　0590108 < / professionaloroccupationalID >

（2）专业或职业名称

"分类．分类路径．专业或职业．专业或职业名称"是"分类．分类路径．专业或职业"中的第二项，指教学资源在专业或职业目录中所适用的专业或职业名称。该元素为必备数据元素，在其父元素中，必须出现且仅能出现一次。它属于叶子结点，数据类型为多语言字符串，最长不超过100 个字符（50 个汉字）。

表 3.88 描述了数据元素"分类．分类路径．专业或职业．专业或职业名称"的各个属性，并对其进行了举例说明。

表 3.88　分类．分类路径．专业或职业．专业或职业名称

元素名称	分类．分类路径．专业或职业．专业或职业名称
XML 元素名称	< professionaloroccupationalname >
是否必备数据元素	是，在其父元素中必须出现
是否可重复	否，只能出现一次
父元素名称	专业或职业
是否结构结点	否，叶子结点
数据类型	多语言字符串 ＊ （100 个字符）
示例	医学研究人员
	软件技术

续表

XML 表示示例	```<professionaloroccupationalname > <langstring XML:lang = "zh" > 医学研究人员 </langstring></professionaloroccupationalname >```
	```<professionaloroccupationalname > <langstring XML:lang = "zh" > 软件技术 </langstring></professionaloroccupationalname >```

"分类. 分类路径. 专业或职业" XML 表示示例 1 如下：

```
<professionoroccupation >
    <professionaloroccupationalID >
        2010800
    </professionaloroccupationalID >
    <professionaloroccupationalname >
        <langstring XML:lang = "zh" >
            医学研究人员
        </langstring >
    </professionaloroccupationalname >
</professionoroccupation >
```

此例表示教学资源适用于医学研究人员，分类代码为 2010800。

"分类. 分类路径. 专业或职业" XML 表示示例 2 如下：

```
<professionoroccupation >
    <professionaloroccupationalID >
        0590108
    </professionaloroccupationalID >
    <professionaloroccupationalname >
        <langstring XML:lang = "zh" >
            软件技术
```

```
     </langstring>
   </professionaloroccupationalname>
</professionoroccupation>
```

此例表示教学资源适用于软件技术专业，分类代码为2010800。

2. 课程类别

"分类．分类路径．课程类别"是"分类．分类路径"中的第二个子元素，是指教学资源所适用的课程类别（这里的课程是一个广义的概念，包含普通课程、综合实训、实习等）。该元素为可选数据元素，可以重复，在其父元素中可以不出现、出现一次或者一次以上，最低峰值为5。它属于叶子结点，数据类型为词汇表，由VETLRM定义。

表3.89给出的是该元素的词汇表。

表3.89　"分类．分类路径．课程类别"词汇表

数据元素的编号	数据元素名称	取值列表	对应编码
9.2.2	分类．分类路径．课程类别	普通课程	01
		综合实训	02
		实习	03
		主题活动	04
		军事训练	05
		竞赛	06
		其他	99

表3.90描述了数据元素"分类．分类路径．课程类别"的各个属性，并对其进行了举例说明。

表3.90　分类．分类路径．课程类别

元素名称	分类．分类路径．课程类别
XML元素名称	<teachingphases>
是否必备数据元素	否
是否可重复	是

续表

重复值是否有序	否
最低峰值	5
父元素名称	分类路径
是否结构结点	否，叶子结点
数据类型	词汇表
示例	01　（注：普通课程）
	02　（注：综合实训）
XML 表示示例	```xml<teachingphases ><source ><langstring XML:lang = "x – none" >VETLRM</langstring ></source ><value ><langstring XML:lang = "x – none" >01</langstring ></value ></teachingphases >```
	```xml<teachingphases ><source ><langstring XML:lang = "x – none" >VETLRM</langstring ></source ><value ><langstring XML:lang = "x – none" >02</langstring ></value ></teachingphases >```

3. 课程

"分类.分类路径.课程"是"分类.分类路径"中的第三个子元素,是指教学资源所适用的课程。该元素为可选数据元素,可以重复,在其父元素中可以不出现、出现一次或者一次以上,最低峰值为15。它属于结构结点,有2个子元素。

表3.91描述了数据元素"分类.分类路径.课程"的各个属性。

表3.91 分类.分类路径.课程

元素名称	分类.分类路径.课程
XML元素名	< teachingunits >
是否必备数据元素	否
是否可重复	是
重复值是否有序	否
最低峰值	15
父元素名称	分类路径
是否结构结点	是,含子元素,本身没有具体值
子元素名称	课程代码
	课程名称

下面分别介绍"分类.分类路径.课程"的2个子元素。

（1）课程代码

"分类.分类路径.课程.课程代码"是"分类.分类路径.课程"中的第一项,指教学资源所属课程的代码。该元素为可选数据元素,在其父元素中,可以不出现或者仅出现一次。它属于叶子结点,数据类型为3位数字组成的字符串。

表3.92描述了数据元素"分类.分类路径.课程.课程代码"的各个属性,并对其进行了举例说明。

表 3.92 分类.分类路径.课程.课程代码

元素名称	分类.分类路径.课程.课程代码
XML 元素名称	< teachingunitsID >
是否必备数据元素	否
是否可重复	否，只能出现一次
父元素名称	课程
是否结构结点	否，叶子结点
数据类型	字符串（3 位数字）
示例	001
	108
XML 表示示例	< teachingunitsID > 　　001 </ teachingunitsID > < teachingunitsID > 　　108 </ teachingunitsID >

（2）课程名称

"分类.分类路径.课程.课程名称"是"分类.分类路径.课程"中的第二项，指教学资源所属课程的名称。该元素在其父元素中是必备数据元素，必须出现且仅能出现一次。它属于叶子结点，数据类型为多语言字符串，最长不超过 100 个字符（50 个汉字）。

表 3.93 描述了数据元素"分类.分类路径.课程.课程名称"的各个属性，并对其进行了举例说明。

表 3.93 分类.分类路径.课程.课程名称

元素名称	分类.分类路径.课程.课程名称
XML 元素名称	< teachingunitsname >
是否必备数据元素	是，在其父元素中必须出现
是否可重复	否，只能出现一次

父元素名称	课程
是否结构结点	否，叶子结点
数据类型	多语言字符串＊（100 个字符）
示例	"zh" "汇编语言程序设计"
	"en" "Assembly Language Programming"

XML 表示示例	`<teachingunitsname>`
	　　`<langstring XML:lang = "zh">`
	　　　　汇编语言程序设计
	　　`</langstring>`
	`</teachingunitsname>`

	`<teachingunitsname>`
	　　`<langstring XML:lang = "en">`
	　　　　Assembly Language Programming
	　　`</langstring>`
	`</teachingunitsname>`

数据元素"分类．分类路径．课程"XML 表示示例如下：

```
<teachingunits>
    <teachingunitsID>
        108
    </teachingunitsID>
    <teachingunitsname>
        <langstring XML:lang = "zh">
            汇编语言程序设计
        </langstring>
    </teachingunitsname>
</teachingunits>
```

4. 知识点或技能点

"分类．分类路径．知识点或技能点"是"分类．分类路径"中的第四个子元素，是指教学资源所属的知识点或技能点。该元素为可选数据元素，可以重复，在其父元素中可以不出现、出现一次或者一次以上，最低峰值为15。它属于结构结点，有 2 个子元素。

表 3.94 描述了数据元素"分类．分类路径．知识点或技能点"的各个属性。

表 3.94　分类．分类路径．知识点或技能点

元素名称	分类．分类路径．知识点或技能点
XML 元素名	< knowledgepointsorskillpoints >
是否必备数据元素	否
是否可重复	是
重复值是否有序	否
最低峰值	15
父元素名称	分类路径
是否结构结点	是，含子元素，本身没有具体值
子元素名称	知识点或技能点代码
	知识点或技能点名称

下面分别介绍"分类．分类路径．知识点或技能点"的 2 个子元素。

（1）知识点或技能点代码

"分类．分类路径．知识点或技能点．知识点或技能点代码"是"分类．分类路径．知识点或技能点"中的第一项，是指教学资源所属知识点或技能点的代码。该元素为可选数据元素，在其父元素中，可以不出现或者仅出现一次。它属于叶子结点，数据类型为 3 位数字组成的字符串。

表 3.95 描述了数据元素"分类．分类路径．知识点或技能点．知识点或技能点代码"的各个属性，并对其进行了举例说明。

表 3.95　分类．分类路径．知识点或技能点．知识点或技能点代码

元素名称	分类路径．知识点或技能点．知识点或技能点代码
XML 元素名称	< knowledgepointsorskillpointsID >
是否必备数据元素	否
是否可重复	否

父元素名称	知识点或技能点
是否结构结点	否，叶子结点
数据类型	字符串（3 位数字）
示例	009
	081

XML 表示示例	`<knowledgepointsorskillpointsID>`
	　　`009`
	`</knowledgepointsorskillpointsID>`
	
	`<knowledgepointsorskillpointsID>`
	　　`081`
	`</knowledgepointsorskillpointsID>`

（2）知识点或技能点名称

"分类．分类路径．知识点或技能点．知识点或技能点名称"是"分类．分类路径．知识点或技能点"中的第二项，是指教学资源所属知识点或技能点的名称。该元素在其父元素中是必备数据元素，必须出现且仅能出现一次。它属于叶子结点，数据类型为多语言字符串，最长不超过 100个字符（50 个汉字）。

表 3.96 描述了数据元素"分类．分类路径．知识点或技能点．知识点或技能点．名称"的各个属性，并对其进行了举例说明。

表 3.96　分类．分类路径．知识点或技能点．知识点或技能点名称

元素名称	分类．分类路径．知识点或技能点．知识点或技能点名称
XML 元素名称	`<knowledgepointsorskillpointsname>`
是否必备数据元素	是，在其父元素中必须出现
是否可重复	否，只能出现一次
父元素名称	知识点或技能点
是否结构结点	否，叶子结点
数据类型	多语言字符串 *（100 个字符）

续表

示例	"zh" "指令系统"
	"en" "instruction sysytem"

XML 表示示例	`< knowledgepointsorskillpointsname >`
	　　`< langstring XML:lang = "zh" >`
	　　　　指令系统
	　　`< / langstring >`
	`< / knowledgepointsorskillpointsname >`

	`< knowledgepointsorskillpointsname >`
	　　`< langstring XML:lang = "en" >`
	　　　　instruction sysytem
	　　`< / langstring >`
	`< / knowledgepointsorskillpointsname >`

"分类．分类路径．知识点或技能点" 的 XML 示例如下：

```
< knowledgepointsorskillpoints >
    < knowledgepointsorskillpointsID >
        081
    < / knowledgepointsorskillpointsID >
    < knowledgepointsorskillpointsname >
        < langstring XML:lang = "zh" >
            for 循环
        < / langstring >
    < / knowledgepointsorskillpointsname >
< knowledgepointsorskillpoints >
```

数据元素"分类．分类路径"XML 表示示例如下：

```
< taxonpath >
    < professionoroccupation >  <!--适用专业:软件技术 -- >
        < professionaloroccupationalID >
            0590108
        < / professionaloroccupationalID >
        < professionaloroccupationalname >
            < langstring XML:lang = "zh" >
                软件技术
```

```
            </langstring>
        </professionaloroccupationalname>
    </professionoroccupation>
    <teachingphases>          <!--适用课程:普通课程 -->
        <source>
            <langstring XML:lang = "x - none">
                VETLRM
            </langstring>
        </source>
        <value>
            <langstring XML:lang = "x - none">
                01
            </langstring>
        </value>
    </teachingphases>
    <teachingunits>          <!--适用课程名称:汇编语言程序设计 -->
        <teachingunitsID>
            108
        </teachingunitsID>
        <teachingunitsname>
            <langstring XML:lang = "zh">
                汇编语言程序设计
            </langstring>
        </teachingunitsname>
    </teachingunits>
    <knowledgepointsorskillpoints>
                            <!--知识点:指令系统 -->
        <knowledgepointsorskillpointsID>
            081
        </knowledgepointsorskillpointsID>
        <knowledgepointsorskillpointsname>
            <langstring XML:lang = "zh">
                指令系统
            </langstring>
        </knowledgepointsorskillpointsname>
```

```
    </knowledgepointsorskillpoints>
</taxonpath>
```

上述例子表明：教学资源属于软件技术专业的普通课程《汇编语言程序设计》，所属知识点为"指令系统"。

3.9.3 描述

"分类.描述"用于描述教学资源与职业教育资源分类系统所表述的"分类.分类依据"的关系。该元素为可选数据元素，在其父元素"分类"中不出现或者只出现一次。它属于叶子结点，数据类型为多语言字符串，最长不超过2 000个字符（1 000个汉字）。

表3.97描述了数据元素"分类.描述"的各个属性。

表3.97 分类.描述

元素名称	分类.描述
XML元素名称	＜description＞
是否必备数据元素	否
是否可重复	否
父元素名称	分类
是否结构结点	否，是叶子结点
数据类型	多语言字符串 ＊（2 000个字符）
示例	"zh""指令系统是高等职业学校软件技术专业《汇编语言程序设计》课程的必修内容" "en" "Instruction system is the compulsory content of" assembly language programming" course of software technology specialty in higher vocational school"
XML表示示例	＜description＞ 　　＜langstring XML:lang = "zh"＞ 　　　　指令系统是高等职业学校软件技术专业《汇编语言程序设计》课程的必修内容 　　＜/langstring＞ ＜/description＞

续表

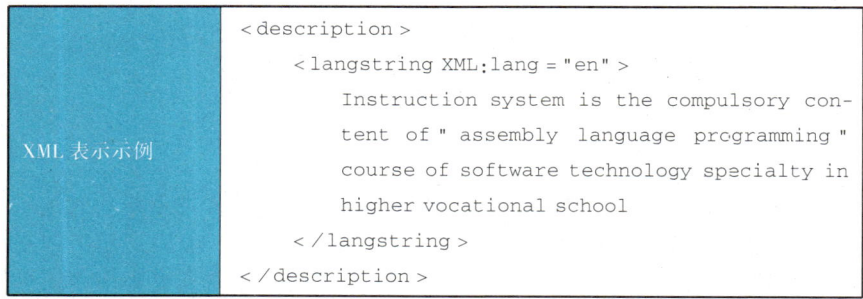

| XML 表示示例 | `<description>`
　　`<langstring XML:lang = "en" >`
　　　　Instruction system is the compulsory content of " assembly language programming " course of software technology specialty in higher vocational school
　　`</langstring>`
`</description>` |

3.9.4　关键词

"分类.关键词"是指对教学资源与职业教育资源分类系统所表述的"分类.分类依据"的关系进行描述所使用的关键字或短语,相关度高的关键词优先列出。该元素为可选数据元素,在其父元素"分类"中不出现、出现一次或者多次,最低峰值为40。它属于叶子结点,数据类型为多语言字符串,最长不超过1 000个字符(500个汉字)。

表3.98描述了数据元素"分类.关键词"的各个属性。

表 3.98　分类.关键词

元素名称	分类.关键词
XML 元素名称	`<keywords>`
是否必备数据元素	否
是否可重复	是
重复值是否有序	是,相关度高的关键词优先列出
最低峰值	40
父元素名称	分类
是否结构结点	否,是叶子结点
数据类型	多语言字符串 ＊（1 000 个字符）
示例	"zh" "软件技术专业"
	"en" "Software Technology"

XML 表示示例	`<keywords>`
	　`<langstring XML:lang = "zh">`
	　　软件技术专业
	　`</langstring>`
	`</keywords>`

	`<keywords>`
	　`<langstring XML:lang = "en">`
	　　Software Technology
	　`</langstring>`
	`</keywords>`

下面是数据元素"分类"的 XML 示例:

```
<classification>
    <classificationbasis>    <!—分类依据:高等职业学校专业目录 — >
        <name>
            <source>
                <langstring XML:lang = "x - none"> VETLRM
                </langstring>
            </source>
            <value>
                <langstring XML:lang = "x - none">4</lan-
                gstring>
            </value>
        </name>
        <yearofpublication> <!-- 目录出版年份:2015 年 -- >
            2015
        </yearofpublication>
    </classificationbasis>
    <taxonpath>                <!-- 分类路径 -- >
        <professionoroccupation>
                        <!-- 适用专业:软件技术 -- >
            <professionaloroccupationalID>
                0590108
```

```
        </professionaloroccupationalID>
        <professionaloroccupationalname>
            <langstring XML:lang="zh">
                软件技术
            </langstring>
        </professionaloroccupationalname>
    </professionoroccupation>
    <teachingphases>   <!--适用课程:普通课程-->
        <source>
            <langstring XML:lang="x-none">
                VETLRM
            </langstring>
        </source>
        <value>
            <langstring XML:lang="x-none">
                01
            </langstring>
        </value>
    </teachingphases>
    <teachingunits> <!--适用课程名称:汇编语言程序设计-->
        <teachingunitsID>
            108
        </teachingunitsID>
        <teachingunitsname>
            <langstring XML:lang="zh">
                汇编语言程序设计
            </langstring>
        </teachingunitsname>
    </teachingunits>
    <knowledgepointsorskillpoints>
                    <!--所属知识点:指令系统-->
        <knowledgepointsorskillpointsID>
            081
        </knowledgepointsorskillpointsID>
```

```
<knowledgepointsorskillpointsname>
    <langstring XML:lang = "zh">
        指令系统
    </langstring>
    </knowledgepointsorskillpointsname>
    </knowledgepointsorskillpoints>
</taxonpath>
<description>                <!-- 描述 -->
    <langstring XML:lang = "zh">
        指令系统是高等职业学校软件技术专业《汇编语言程序设
        计》课程的必修内容
    </langstring>
</description>
<keywords>                <!-- 关键词:高职 -->
    <langstring XML:lang = "zh">
        高职
    </langstring>
</keywords>
<keywords>                <!-- 关键词:软件技术专业 -->
    <langstring XML:lang = "zh">
        软件技术专业
    </langstring>
</keywords>
<keywords>                <!-- 关键词:汇编语言 -->
    <langstring XML:lang = "zh">
        汇编语言
    </langstring>
</keywords>
</classification>
```

上述例子表达的意思为：教学资源所依据的分类体系为 2015 年版的《高等职业学校专业目录》，属于软件技术专业的普通课程——汇编语言程序设计；所属知识点为"指令系统"，是高等职业学校软件技术专业"汇编语言程序设计"课程的必修内容。

该资源的职业教育分类代码为：4 0590108 01 108 081。

参考文献

［1］中华人民共和国教育部. 信息技术 学习、教育和培训 学习对象元数据：GB/T 21365 – 2008［S］. 北京：中国标准出版社，2008.

［2］中华人民共和国教育部. 信息技术 学习、教育和培训 学习对象元数据：XML 绑定规范：GB/T 29807 – 2013［S］. 北京：中国标准出版社，2013.

［3］中华人民共和国教育部. 职业教育教学资源元数据规范（送审稿）.

［4］中华人民共和国教育部. 世界各国和地区名称代码：GB/T 2659 – 2000［S］. 北京：中国标准出版社，2000.

［5］中华人民共和国教育部. 中国教育部教育信息化技术标准 – 体系架构与参考模型（送审稿）.

［6］中华人民共和国教育部. 基础教育教学资源元数据规范（征求意见稿）.

［7］沈中南，史元春. 学习对象元数据的分层描述［J］. 中国远程教育：综合版，2002，2.

［8］沈中南，史元春. 现代远程教育技术规范简介［J］. 计算机工程与应用，2003，39（5）.

［9］祝智庭. 中国在线教育技术标准化在行动［J］. 中国远程教育：资讯版，2002，12.

［10］祝智庭. 网络教育技术标准研究［J］. 电化教育研究，2001，8.